本书系河南省高等学校哲学社会科学创新人才支持计划（编号：2022-CXRC-11）、河南省高等学校青年骨干教师培养计划（编号：2021GGJS021）与河南省高等学校哲学社会科学创新团队支持计划（编号：2022-CXTD-06）的研究成果。

王洪席 著

支点的撬动

学生综合素质评价实施研究

The Prying of the Fulcrum
A Study on the Implementation of Students' Comprehensive Quality Evaluation

中国社会科学出版社

图书在版编目（CIP）数据

支点的撬动：学生综合素质评价实施研究/王洪席著. —北京：中国社会科学出版社，2024.6. —ISBN 978-7-5227-3657-0

Ⅰ. G632.47

中国国家版本馆 CIP 数据核字第 20249EB254 号

出 版 人	赵剑英
责任编辑	党旺旺
责任校对	郝阳洋
责任印制	王 超

出　　版	中国社会科学出版社
社　　址	北京鼓楼西大街甲 158 号
邮　　编	100720
网　　址	http://www.csspw.cn
发 行 部	010-84083685
门 市 部	010-84029450
经　　销	新华书店及其他书店

印　　刷	北京明恒达印务有限公司
装　　订	廊坊市广阳区广增装订厂
版　　次	2024 年 6 月第 1 版
印　　次	2024 年 6 月第 1 次印刷

开　　本	710×1000　1/16
印　　张	9.75
字　　数	132 千字
定　　价	48.00 元

凡购买中国社会科学出版社图书，如有质量问题请与本社营销中心联系调换
电话：010-84083683
版权所有　侵权必究

目　录

前　言 …………………………………………………………（1）

第一章　"时代之声"：综合素质评价改革的精神特质 ………（1）
　　第一节　鉴赏洞察发现：综合素质评价的本质定位 …………（2）
　　第二节　彰显个性优势：综合素质评价的核心价值 …………（4）
　　第三节　强化客观写实：综合素质评价的底线要求 …………（6）
　　第四节　注重学业成就：综合素质评价的题中之义 …………（8）
　　第五节　达致专业判断：综合素质评价的内在品质 ………（10）
　　第六节　构筑电子平台：综合素质评价的技术保障 ………（11）

第二章　育人为本：学校实施综合素质评价的底层逻辑 ……（14）
　　第一节　回归本源定位：学校应坚守综合素质评价的
　　　　　　育人初心 ………………………………………（16）
　　第二节　识别潜能优势：学校应瞄准综合素质评价的
　　　　　　育人"靶心" ……………………………………（18）
　　第三节　融合课程建设：学校应夯实综合素质评价的
　　　　　　育人载体 ………………………………………（21）
　　第四节　聚焦"关键事件"：学校应改进综合素质评价的
　　　　　　育人过程 ………………………………………（32）
　　第五节　消弭"学段壁垒"：学校应强化综合素质评价
　　　　　　一体化的育人设计 ……………………………（35）

第三章　赋能增效：教师开展综合素质评价的关键任务 …… (39)
　　第一节　教师对综合素质评价改革认同感的调查分析 …… (40)
　　第二节　教师对学生活动写实记录的解释路径 ………… (53)
　　第三节　教师对学生撰写评语的内在逻辑 ……………… (60)
　　第四节　教师评价素养的影响因素及提升策略 ………… (68)

第四章　主体自觉：学生做好综合素质评价的核心要点 …… (85)
　　第一节　学生做好活动写实记录的价值诉求及
　　　　　　实操方法 ……………………………………… (86)
　　第二节　学生开展自我评价活动的内在逻辑 ………… (101)
　　第三节　学生撰写陈述报告的问题透视及增效路径 …… (108)

结　语 ……………………………………………………… (120)

附录一　研究工具 ………………………………………… (124)

附录二　大数据技术应用于综合素质评价研究的热点主题与
　　　　　未来展望 …………………………………………… (126)

参考文献 …………………………………………………… (138)

后　记 ……………………………………………………… (148)

前　　言

长期以来，"唯分数""唯升学"等是束缚、钳制、禁锢我国学生评价改革，乃至整体教育改革与发展的顽瘴痼疾所在。尽管学生评价改革饱受社会各界人士的批评与诟病，但一直积重难返，无法根治和祛除。在此结构性、时代性的矛盾与困境下，综合素质评价作为一种独具中国特色的概念创新和理论突破，被赋予了重大的历史责任与使命，成为一系列教育改革政策文件中的核心语词。如2014年《国务院关于深化考试招生制度改革的实施意见》指出，要"探索基于统一高考和高中学业水平考试成绩、参考综合素质评价的多元录取机制。"《教育部关于加强和改进普通高中学生综合素质评价的意见》规定："综合素质评价是对学生全面发展状况的观察、记录、分析，是发现和培育学生良好个性的重要手段，是深入推进素质教育的一项重要制度""综合素质评价由学校组织实施。学校要建立健全学生成长记录规章制度，明确本校综合素质评价的具体要求。"2020年中共中央、国务院印发《深化新时代教育评价改革总体方案》明确：要"坚决改变用分数给学生贴标签的做法，创新德智体美劳过程性评价办法，完善综合素质评价体系，切实引导学生坚定理想信念、厚植爱国主义情怀、加强品德修养、增长知识见识、培养奋斗精神、增强综合素质"。2021年教育部等六部门印发的《义务教育质量评价指南》强调：要"坚持育人为本。面向全体学生，注重综合素质评价，促进全面培养，引导办好每所学校、教好每名学生",等等。由此可见,在新时期,综合素质评价成为教育综合改革与考试招生制度改革的焦点重心,成为破除"唯分数"评价症结,进而改善学生评价生态,促进学生全面而有个性发展的核心举措和必然选择。

在新一轮考试招生制度改革语境下,实施学生综合素质评价制度已成为我国基础教育改革备受瞩目的重要议题之一。然而,政策的"落地"过程并非一帆风顺,而是一项十分复杂的系统性工程。自2004年,教育部印发《国家基础教育课程改革实验区2004年初中毕业考试与普通高中招生制度改革的指导意见》,首次提出"综合素质评价"这一"政策性术语"之后,至今已有近20年。回顾这一段"并不寻常"的变革之路,关于综合素质评价的理论探讨以及知识积累虽取得了较大的进步与成就,但从满足日益高涨的教育实践变革诉求来看,针对综合素质评价校本化、常态化、规范化实施路径的探寻,仍有诸多的盲点和误识。如综合素质评价改革的精神特质究竟是什么,综合素质评价其内在的"质的规定性"应该如何定性定位?综合素质评价的双重功能——"育人"与"选拔"应如何"辩证统一"?究竟是"谁熟悉谁评价"还是"谁使用谁评价",以及其实施是有损还是维护了公平公正等议题,一直尚有诸多争议与分歧,进而也就在理论认识上陷入了种种无序和混乱。在实践领域,综合素质评价实施在牵引基础教育学校"育人方式"变革,并助力其内涵式发展的同时,也因其在评价理念上的偏失以及评价方法运用的局限,给广大一线师生带来了不小的压力和困扰。

作为一项重大的制度革新,综合素质评价其"血气未定"之时存在诸多流弊与阻碍固在"情理之中",但随着其实施的进一步拓展与深化,若仍对其"视而不见""思而未决",必将影响其执行力度和效能发挥,进而波及此次考试招生制度改革大局。在笔者看来,新时期新型综合素质评价改革理念的"落地",需在借鉴国外学生评价思想资源的同时,要直面实施过程中的问题或矛盾,以期正本清源、廓清迷惑，进而实现以综合素质评价牵引助力教育高质量发展的初心与使命。在本书中，笔者尝试从国家推进综合素质评价改革的精神特质、学校实施综合素质评价的底层逻辑、教师开展综合素质评价的关键任务、学生做好综合素质评价的核心要点等方面做一系统梳理与总结，期冀能为研究者和广大一线教师提供点滴启发和助益。当然，囿于笔者视野局限、学识浅薄，相关理解与判断仍有诸多偏颇和不周全之处，敬请读者批评指正。

第一章

"时代之声"：综合素质评价改革的精神特质

综合素质评价是对学生全面发展状况的观察、记录、分析，是发现和培育学生良好个性的重要手段。

——《教育部关于加强和改进普通高中学生综合素质评价的意见》

综合素质及其评价是一种理论创新，是针对我国的教育现实而创设的基本概念和理论构想，是我国当前基础教育课程改革的一大特色。……将综合素质的培养和评价置于基础教育的核心是具有中国特色的创新，是基于我国教育现实的理论构想。

——杨向东

如果我们仍然沿袭以分数线性排序来褒贬学生的思路，试图把综合评价的结果折合成分值，通过评价把学生划分成三六九等，那么综合素质评价只会徒有虚名，而无法达到真正发现和培养学生良好个性的目的。

——尹后庆

全面实施学生综合素质评价，是促进学生全面发展、推动学校育人方式变革、切实扭转基础教育学生评价生态的重要举措。随着评价理念与思路的转型和嬗变，尤其是2014年《教育部关于加强和改进普通高中学生综合素质评价的意见》（以下简称《意见》）政策文件的出台，人们对新高考改革语境下学生综合素质评价制度的认识与把握，还存在一些误读和误解，有待作进一步的辨析、厘定与澄清。基于此，为正本清源，本章尝试从以下几个方面，来洞察、阐释学生综合素质评价制度的内在精神和本质规定，以期匡正不当的评价行为，进而深化教育教学改革。

第一节　鉴赏洞察发现：综合素质评价的本质定位

综合素质评价的本质是什么，对其应如何定位？这是我们开展、推进综合素质评价工作需要首先回答的前提性问题。受传统教育思想以及评价理念的规约与束缚，我们一提到评价，自然就会联想到泰勒的经典性定义，评价即是"对课程目标的达成度评估"。既然评价是一种测试、测量或评估，那么，将此运思逻辑推演到对综合素质评价的理解上，也就形成了所谓综合素质评价就是对学生个体综合素质的一种测试、测量或评估。由此，把学生的综合素质划定为A、B、C、D等级或给出相应的分数加以区分，也就再自然不过了。事实上，在教育部《国家基础教育课程改革实验区2004年初中毕业考试与普通高中招生制度改革的指导意见》政策文本中，初中毕业生综合素质评价的结果以"等级"呈现，建议采用"优""良""合格""不合格"四档，就是此综合素质评价观的一种最为直接的反映和表现。就其本质而言，这是一种典型的甄别式评价思路，是对学生的分等、分层、分级评价。从目前我国实施综合素质评价的现状来看，有些地方或学校已陷入给学生等级评价或分数式评价的泥沼中，致使评价实践出现种种无序、异化和反教育性的混乱现象。对此，有学者指出："如果我们仍然沿袭以分数线性排序来褒贬学生的思路，试图把综合评价的结果折合成分值，通过评价把学生划分成三六九等，那么综合素质评价只会徒有虚名，而无法达到真正发现和培养学生良好个性的目的。"[①]

在我们看来，对学生的综合素质划分不同等级这一做法，是对综合素质评价本质的一种误读与曲解。《意见》明确指出："综合素质评价是对学生全面发展状况的观察、记录、分析，是发现和培育学生良好个性的重要手段。"深刻感悟、领会此文件的内在精神，可以发现，所谓的综合素质评价不再遵循过往的测量、甄别、遴选逻辑，而更强调对学生各个方面的"观察、记录、分析"，其根本目的是要从中发现和培育学生的良好个性，是对学生未来发展潜能、倾向的深度挖掘、尊重与守护。显然，这一评价旨趣和价值观与等级评价思路判若云泥，有着截然不同的"质的规定性"。我们认为，针对学生的整体综合素质而言，其并无高低之分，亦无优劣之别。最为紧要的是，我们应如何通过学生日常生活中的种种真实表现，来形成对学生个性品格、学习特长和精神气质的全面认识。因此，对综合素质评价本质的定性定位，应将其视作一种鉴赏性评定或欣赏性评价。所谓鉴赏，即是一种"有见识的感知行为，亦即鉴别对象的精妙、复杂及重要特质的深察过程。……作为一个鉴赏家，就是知道如何审视、洞察以及欣赏"[②]。这种评价充盈着对生命个体之独特性的精妙感知和尊重，是对学生与生俱来之天赋、潜能与品质的内在体认和品鉴。通过这种极具洞察力的专业评析与判断，高等学校可以有效发现与自身培养理念、目标和模式相匹配亦

---

① 尹后庆：《发现和认识学生是综合素质评价的根本目的》，《中小学教材教学》2015年第5期。
② 李雁冰：《课程评价的新途径：教育鉴赏与教育批评——艾斯纳的课程评价观再探》，《外国教育资料》2000年第4期。

更适合的学生，进而为后期开展有针对性的个性化培养创造条件。在此高度融洽、和谐、互信的教育环境中，学生可以率性而长、顺性而为，从而实现自身生命光华的彰显与绽放。

第二节　彰显个性优势：综合素质评价的核心价值

《意见》开宗明义地指出："综合素质评价是对学生全面发展状况的观察、记录、分析，是发现和培育学生良好个性的重要手段，是深入推进素质教育的一项重要制度。"这是我国自探索实施学生综合素质评价以来，首次以"下定义"的方式对综合素质评价所做的本质性规定。由此，诚如上文所指出的那样，我们亦可明晰的是，此操作性描述更多强调评价的"观察""记录"以及"分析"功能，其核心价值在于"发现和培育学生良好个性"，而非传统评价理念和范畴中的"甄别""筛选"与"淘汰"逻辑。可见，在新高考改革背景下，新型的综合素质评价制度是以彰显学生个性、尊重个体差异、关照个性特点作为自身的核心价值、内在旨趣和根本诉求的。这种评价理念与思路的轴心式变革和转换无疑具有划时代的教育学价值与意义。

彰显个性优势就是要发现、培育、呵护学生独特的、与众不同的品质、禀赋和潜能，并在此基础上促进其个性化成长与多元化发展。"这种优势潜能往往是学生的天赋与兴趣所在，是难得的资源。如果教师抓住学生的优势潜能进行教育，则属于'顺势而教'，很容易达到事半功倍之效。如果学生的优势潜能得到充分发展，他很有可能成为该方面的天才人物。这对他自己以及对整个社会的发展都非常有益。"[①] 事实上，这种优势潜能一旦得到进一步的激发、促

[①] 罗祖兵：《突出个性：普通高中综合素质评价的应然价值取向》，《中国教育学刊》2015年第9期。

进与"野蛮生长",它就很可能会成为该学生终生不渝的专业志向,并会演化为其无可匹敌的核心竞争力,随之其个性特点亦会更加突出、鲜明与彰显。具体反映、落实在综合素质评价活动中,高中学校该如何充分地彰显学生的独特个性呢?在我们看来,进一步强调学生活动记录的"典型性"和"代表性",即通过"突出重点""择优而记""择长而录"等活动写实行为可以促进学生发现自己的独特个性和优势潜能。

在基础教育阶段,学生个人所参与的社会实践活动是多种多样、异彩纷呈的。但是,纳入到综合素质档案中的活动记录绝不是要"事无巨细、面面俱到",而是"一般性的活动不必记录。档案材料要突出重点,避免面面俱到、千人一面。有些活动项目学生没有参加或事迹不突出,可以空缺"。这样的制度设计思路,其实就是要通过驱使学生,对最能反映自身个性特点与兴趣特长的关键性活动以及代表性成果的选择、取舍与判断,来逐渐明晰自身的优势、潜能、兴趣以及特长所在。这样,学生选择最具"典型性""代表性"活动记录的过程,也就成为其不断发现自我独特个性、内在潜质和发展优势的过程。诚如有学者所说的那样:"综合素质评价允许学生选择自己的表现形式,展示自己的学习特长与个性独特性。每一个学生不仅有自己的独特见解或个人经验,而且有表现自己见解和经验的独特方式。综合素质评价恰恰为每一个学生选择自己喜好的表现方式提供了空间。正是在个性化表现及相互间欣赏、学习和研究中,每一个学生自己的观点不断完善、个性特长日渐彰显。"[①] 事实上,在由高中学校提供给高校招生使用的学生综合素质档案中,具有鲜明个性特点的履历与"素材"在高校人才选拔中,更宜获得招生人员的关注与青睐。据了解,"每年耶鲁大学都会在入学典礼上介绍一位新生,有一年,校长就推荐了一个特长是

[①] 李雁冰:《论综合素质评价的本质》,《教育发展研究》2011年第24期。

做苹果派的女生。校长解释，每年的新生都要在自己的履历表里填写自己的特长，而几乎所有的同学都选择诸如运动、音乐、绘画等，从来没有人会写'擅长做苹果派'。"① 所以，高中学校在实施综合素质评价时，应将彰显学生独特个性作为最根本的价值取向，努力帮助指导学生认识、成为"真正的自己"，进而实现自身个性的充分绽放和张扬。同时，还应要求学生在撰写活动写实记录的过程中，务必要恪守教育诚信原则，要在确保相关材料真实性与客观性的基础上，理性选择更具个性化的典型事例和事实性材料。

第三节　强化客观写实：综合素质评价的底线要求

《意见》明确指出："教师要指导学生客观记录在成长过程中集中反映综合素质主要内容的具体活动，收集相关事实材料，及时填写活动记录单。……活动记录、事实材料要真实、有据可查。"此次综合素质评价改革高度强调了学生做好个人成长活动客观、真实记录的极端重要性，可看作是此次改革区别于以往综合素质评价实践最为显著的制度创新之一。那么，为什么要着眼于这样的制度设计？也就是说，此次改革为什么要如此重视学生的个人成长活动写实记录？

长期以来，我们对学生综合素质的评价或评定偏重一种抽象的、模糊的、笼统的主观性描述。如"该生热爱祖国、尊敬师长、团结同学、学习勤奋、积极向上，能自觉遵守中学生守则，乐于帮助别人，热心参加并组织各类课内外活动……"这种"千人一面"、雷同化、模式化的评价方式与语言风格，在过往的评价实践中司空见惯，却很少有人对此作出必要的反思与检讨。而在我们看

---

① 叶佐温：《福一中高三男孩爱吃方便面进美国名校》，《东南快报》2014年4月2日第A2版。

来，这种评价方式尽管能使第三方（评价双方之外的人）大致了解被评价者的整体状况和基本面貌，但其鲜活的个性特点、可能的发展潜质以及饱含张力的创新精神与实践能力等则很难被发现、体认和把握。由此便引发了一个更为严重的问题就是，高等学校在招生时，因无法透过这些干瘪的、抽象的描述性语言来"窥见"该学生到底做了什么，也就难以获取相关的"高利害"信息，进而也就无法对学生的综合素质作出理性的专业判断。由此，高等学校对高中学校所提供的综合素质档案材料"不参考"、不信任、不认可、不敢用也就在情理之中了。

在新的综合素质评价制度下，学生需要客观、真实、不加修饰、具体详尽地记录自己的成长活动和独特经历、体验，这也便构成了高中学校实施综合素质评价的底线要求。之所以如此强调做好学生写实记录的重要性，实在于其具有鲜明的、显著的教育学价值与意义。首先，它有利于高等学校在招生时作出科学的专业判断。"《意见》强调综合素质评价注重学生的行为表现，特别是通过学生在有关活动中的具体表现来反映其全面发展情况和个性特长。……学生在这些活动中的行为表现是可以考察、可以比较的。"[1] 学生做好个人成长活动的写实记录，可以使高等学校进一步了解、掌握该学生具体做了什么事情、承担了什么任务、发挥了什么作用等关键信息。这样，高等学校就可以通过对该学生的种种外在行为表现，来发现、分析、洞察出该学生所具有的内在潜能与个性品质，这便是其蕴含的深层次逻辑所在。其次，它有利于学生展开持续的自我教育过程。学生个人活动记录是自己记自己，不是由别人代记，或是去记别人。由此，活动记录遂成为学生充分展示自己的"舞台"。在进行活动记录时，学生可在总结自己成长经历的过程中进行能动的反思，进而积极完善自我，不断进步，寻求发

---

[1] 柳夕浪：《学生综合素质评价：怎么看？怎么办？》，华东师范大学出版社2016年版，第161页。

展。正如有学者所说的那样:"学生成长记录是自己完成的(成人只能引导,不能替代)。学生自己的记录便是其反省、重构、赋予意义的过程。……一旦行为在反思中被赋予特定意义,也就不再是无意识的反应,而变成了富有意义体验的行动。"① 基于此,高中学校应积极指导学生客观、真实地记录自己的成长活动,并提供相关的标志性成果或事实性材料作为凭证和依据。若缺失了此关键性、基础性环节,高中学校所实施的综合素质评价活动便会陷入无源之水、无本之木的窘境与泥沼之中。

第四节 注重学业成就:综合素质评价的题中之义

在新的综合素质评价制度下,该如何厘清学生综合素质与学业成就之间的关系以及内在逻辑呢?受传统教育思想观念的影响,我们一提到综合素质,即将其视为一种"非学术性能力"。正如崔允漷等学者所指出的:"尽管大家对综合素质的具体内涵存有大的偏差,但一点却是高度的统一,那就是都把综合素质大体等同于学生所拥有的非学术性能力。"② 照此观念的理解,所谓综合素质是不应涵括学生学业成就的。而在我们看来,这是对综合素质概念的一种歪曲、误读或误识,有褊狭窄化之嫌。事实上,所谓综合素质是一个独特个体所呈现出来的内在、有机、互融的整体性素质,它应涵括德、智、体、美等诸多方面,因而是一种整体性、系统性、关联性的存在。③ 换言之,综合素质理应涵括学生的"学术性能力"与"非学术性能力",是两者的有机统一组合,缺一不可。反观国外学

---

① 柳夕浪:《学生成长记录:如何解释与分析》,《人民教育》2015 年第 7 期。
② 崔允漷、柯政:《关于普通高中学生综合素质评价研究》,《全球教育展望》2010 年第 9 期。
③ 刘志军:《关于综合素质评价若干问题的思考》,《课程·教材·教法》2016 年第 1 期。

界对综合素质概念的理解与定性定位,其"相同之处是它们都认为学生的学术能力或者学业成绩是学生综合素质的一个重要组成部分。在我们所搜索到的各种针对高中生的评价体系中,基本上都没有把学生的学术能力或者学业成就排除在综合素质之外,而都是把它作为一块十分重要的内容。把综合素质界定为除学生的非学术能力之外的素质,则基本没有"。[①]

基于此,我们可以达成这样的思想共识,即学生综合素质评价是对学生"学术性能力"与"非学术性能力"的整体评价,所以,它绝不是不看学生的学业成就,恰恰相反,对于学生学业成就的评价仍是其不可或缺的重要组成部分。"综合素质评价首先要考虑学业成绩,只不过,这个成绩不再是一次性的高考成绩而已。……大学招生,当然要招收能够适应大学学习生活、具备未来发展潜能的学生,对学习能力的考察必然是第一位的。如果大学不招收成绩好的学生,难道要招收成绩不好的学生吗?这在任何国家都是荒谬的事情。"[②] 正如我们所熟知的,国外大学在招录新生时,除了综合考察该学生的个性特点、发展潜能以及学生对学校未来的可能贡献等因素外,其学业成绩的优劣仍是高校判断学生综合素质高低的重要维度或指标,只不过其不再是唯一的评价标准罢了。

综上,注重学生学业成就,仍是高中学校常态化实施综合素质评价的题中应有之义。离开了此知识基础,任何高中学校的教育教学活动将会陷入万劫不复的深渊之中,也必将对学生的未来成长和终身发展带来重大的侵扰与冲击。但需要特别提出的是,此处所谓的学业成就,绝不是单一地指学生最终的高考成绩,还应包括其过程性的学业水平以及所获得的研究性学习经历和成果等。这一点在《意见》中有更为明确、严谨的表述与说明,即"主要考察学生各

---

① 崔允漷、柯政:《关于普通高中学生综合素质评价研究》,《全球教育展望》2010年第9期。

② 秦春华、林莉:《高考改革与综合素质评价》,《中国大学教学》2015年第7期。

门课程基础知识、基本技能掌握情况以及运用知识解决问题的能力等。重点是学业水平考试成绩、选修课程内容和学习成绩、研究性学习与创新成果等，特别是具有优势的学科学习情况"。这种制度设计也就很好地消解了过往"一考定终身"的痼疾与窠臼，而将过程性学业评价与结果性学业评价有机地融合在一起了，这就为更加全面、客观、公正地评价学生的学术性素养和创新性能力提供了有力支撑。基于此，高中学校在实施综合素质评价过程中，绝不能褊狭地认为综合素质评价就是单一地开展一些"社会实践活动"，而丧失了对学生学业成就提升的关注和强化，这无疑是对实施综合素质评价政策的最大误读或误识。所以，高中学校应合理安排、解决好知识传授、课堂教学与课外实践活动开展之间的和谐、平衡关系，并使两者相互促进、彼此互融、相得益彰，进而实现学生全面而个性化的发展与进步。

第五节　达致专业判断：综合素质评价的内在品质

到底谁应成为学生综合素质评价的主体？这关涉评价的科学性、客观性和公正性问题。在当前综合素质评价的实践过程中，人们逐渐形成了学生互评与自评、教师评价、家长参与的评价路径。这样，学生、教师和家长等也就成为综合素质评价的责任主体——我们可称之为一种"群众评价"。评价的根本目的在于育人。在用于学生教育或一些非高利害的评价活动时，坚持多元化的评价主体，即对学生的综合素质展开全方面、多视角、多层次的评价，有利于促进学生客观认识自我，进而积极主动地发展。但当用于高校招生时，如若继续坚持这种评价思路，则可能会给高中教育教学生态带来严重的干扰和破坏。"可以想象一下，当学生自己、同学及教师很清楚测评结果的用途时，特别是知道这个结果将作为招生院校录取参考时，他们在互评中该是怎样的心态？面临着怎么的困境？公平、公正从何而来？当然，我们也不排除在少数学校，甚至少数地区，师生素养非同一般，有着良好的生态环境，同时采取了相应的监控措施，信度会好些。但从根本上讲，这样的制度设计是有缺陷的。"[1]

此次改革充分彰显了高等学校在人才选拔中的关键作用。也就是说，在关系到学生切身利益的高校招生录取中，对于学生综合素质的评价，其责任主体应该是高等学校的专业人员，也即是一种专家评价。之所以采用此种制度设计，主要基于以下两点考虑：第一，规避"群众评价"所带来的虚假困境。在"群众评价"中，人们更倾向于从自身的立场、利益出发，来对学生的综合素质作出较为主观的判断。这种评价结果因缺乏足量的科学性和有效性，而难以被高等学校和社会公众所认可与接受。第二，确保综合素质评价的公平与公正。按照"谁使用谁评价"的原则，高等学校为寻觅、录取到契合自身办学特色和人才培养目标的高素质人才，就需要借助一大批独具慧眼、知识扎实、经验丰富的专业招生人员，来对学生的综合素质档案进行周密研究与理性分析。由于这些招生人员和申请者之间并非"利益共同体"关系，这也在一定程度上弱化了他们滋生腐败的动机。同时，采取"集体评议"方式，亦能有效破解因个人偏见所导致的评价误判，从而确保了综合素质评价的公平与公正。

第六节　构筑电子平台：综合素质评价的技术保障

高中学校常态化、规范化实施综合素质评价，需要重点解决其

---

[1]　柳夕浪：《学生综合素质怎么评》，载李永梅、林茶居主编《教师月刊》，华东师范大学出版社2015年版，第80页。

具体的操作性问题。在过往的综合素质评价实践中，高中学校往往通过建立纸质的学生评价档案的形式开展，但其效果却颇让人无奈和尴尬，进而直接影响了评价的科学性、实效性和可信度。笔者到访过诸多高中学校，广大一线教师普遍反映这种纸质的评价方式，"整理起来费时费力""工作量超额""只是突击完成""材料难以保存""使用起来极不便捷"，等等。可见，由于"操作性不佳"，致使综合素质评价的实施遭遇种种诘难、矛盾与困境。

现代信息技术的突飞猛进和迅速发展，已给学校教育变革带来了种种冲击与挑战。目前，"由教育创设的互联网，发展为云计算，形成涵盖大气圈、岩石圈、水圈和生命圈的地球第五圈层——大数据圈，并引发持续的学习变革与教育创新。……传统教育势将同古代烽火台一样成为历史的遗迹。"[1] 学生综合素质评价作为学校教育教学实践中的重要内容，受此影响和波及并不意外。无疑，在新时期，借助、凭依现代信息技术的核心理念和关键工具，创新学校学生综合素质评价的实践路径，已是迫在眉睫，时不我待了。

对此，《意见》指出："要加强管理，可以全国中小学生学籍信息管理系统为基础，以省（区、市）为单位建立综合素质评价工作电子化管理平台，为招生录取工作和用人单位提供服务。"这里，教育部文件只是谈到了要在省（区、市）一级建立电子化管理平台。但在我们看来，为强化综合素质评价实施的可操作性，高中学校也可尝试建立具有自身办学特色的电子化管理平台。事实上，这一改革举措已在部分学校得以开展，且实施效果显著。如清华大学附属中学借助先进的信息技术手段，研发了诚志综合素质评价电子化管理平台。该平台根据学校实施综合素质评价的需要，共建立了九大维度、46个模块的评价架构，全面涵盖了学生校内外全过程的发展轨迹，相关活动均要求写实、客观地记录，从而确定了"即

---

[1] 于永昌、刘宇、王冠乔：《大数据时代的教育》，北京师范大学出版社2015年版，序。

时性""过程性""客观性"的行为记录模式。由于记录类型全面涵盖学生的发展,这样既可以充分鼓励学生的全面发展,又让具有不同特质与个性的同学有了充分展示自己的窗口。在这个平台上,学生主动积极地向他人学习,追求自我发展,每个人都找到自己闪光的领域,最大限度发挥了"朋辈学习"的效果。[①] 另外,江苏省海安中学借助"互联网+"建立的综合素质评价电子管理平台,同样令人侧目。该平台为每一位学生建立了成长电子档案,并通过学生的身份证号登录,一号到底。这样,此登录证号就成为每个人的识别码,学生可以随就读班级流转变换,但成长电子档案却可以跟随学生始终。由此,学校也就不再需要专门地方、专门人员保管学生的成长档案袋和标记性成果,所有成果通过文字、图片等上传到电子平台上,而实物、模型则可由学生自己保管备查。[②] 无疑,这样的电子化管理平台建设也就推动了高中学校综合素质评价工作的常态化、科学化实施,极大减轻了广大教师的工作压力和负担,简化了相关责任人的操作程序与方法,进而提高了其便捷性、针对性和实效性。

[①] 王殿军、孙书明、潘鑫:《信息技术:照亮评价之路的一盏灯——清华大学附属中学综合素质评价的实践》,《中国民族教育》2017年第Z1期。

[②] 董裕华:《综合素质评价如何借力"互联网+"》,《中国教育报》2017年9月20日第9版。

第二章

育人为本：学校实施综合素质评价的底层逻辑

把综合素质评价作为发展素质教育、转变育人方式的重要制度，强化其对促进学生全面发展的重要导向作用。

——《国务院关于新时代推进普通高中育人方式改革的指导意见》

最主要的是，要在每个孩子身上发现他最强的一面，找出他作为个人发展根源的"机灵点"，做到使孩子在他能够最充分地显示和发挥他天赋素质的事情上达到他的年龄可能达到的卓著成绩。

——苏霍姆林斯基

综合素质评价的着力点，一定不能放在具体的内容上，而要引导学生去发现自己的兴趣，做自己最喜欢的事情，发掘出自己身上特殊的闪光点和潜力，从而帮助学生从单纯的考试训练中解放出来，实现自身的全面发展。

——秦春华

第二章 育人为本：学校实施综合素质评价的底层逻辑

> 评价不是对孩子的过去给一个鉴定、贴一个标签，通常给孩子下结论都为时过早，它的要义在于促进学生的自我观察与自我分析，让他们发现自己的潜质所在、成长空间所在，并为之提供适当的舞台使其潜质能够显露、充分发挥出来，并由此得到提升。
>
> ——柳夕浪

《深化新时代教育评价改革总体方案》指出，要"完善综合素质评价体系，切实引导学生坚定理想信念、厚植爱国主义情怀、加强品德修养、增长知识见识、培养奋斗精神、增强综合素质"。《国务院关于新时代推进普通高中育人方式改革的指导意见》强调，要"把综合素质评价作为发展素质教育、转变育人方式的重要制度，强化其对促进学生全面发展的重要导向作用"。教育部等六部门印发《义务教育质量评价指南》规定，要"坚持育人为本。面向全体学生，注重综合素质评价，促进全面培养，引导办好每所学校、教好每名学生"。由此可见，在新时期，国家相关文件的出台，已从政策层面客观、清晰地明确或厘清了学校开展综合素质评价的底层逻辑，即要通过综合素质评价的深度实施来撬动、"倒逼"学校形成符合新时代要求的育人理念、模式、路径以及运行机制等，从而促进学校教育从"育分"到"育人"的这一历史性转变。然而，从目前的实践调研情况来看，综合素质评价"落地"过程仍存在诸多困扰和挑战。那么，基于"育人为本"理念，基础教育学校究竟要寻求什么样切实可行的实践路径来突破此症结与困境呢？本章拟对此议题做一粗浅探析和解答。

第一节　回归本源定位：学校应坚守综合素质评价的育人初心

《教育部关于加强和改进普通高中学生综合素质评价的意见》（以下简称《意见》）强调指出，"全面实施综合素质评价，有利于促进学生认识自我、规划人生，积极主动地发展……有利于促进评价方式改革，转变以考试成绩为唯一标准评价学生的做法，为高校招生录取提供重要参考。"由此可见，综合素质评价作为一种学生评价制度，具有促进学生发展和为高一级学校招生服务的双重功能，即"育人"与"选拔"，两者本应是相互促进、彼此支撑、相得益彰的。然而，实践调研发现，学校实施综合素质评价极易被其外在的、附加的选拔功能所宰制与僭越，严重淡化、忽视了其育人的本体功能。因此，学校应恪守、秉持"育人为本"的教育理念，回归实施综合素质评价的育人初心。

一　综合素质评价选拔衍生功能的僭越

受"唯分数""唯升学"等顽瘴痼疾的规约和束缚，社会各界以及诸多研究者对综合素质评价的"选拔"功能推崇备至，如强调"一定要纳入选拔体系""凸显人才选拔功能"以及与学校招生"硬挂钩"等。受此狭隘思想观念的宰制与驱使，学校在实施综合素质评价时，始终秉持为高一级学校招生服务的宗旨和信条，更为注重对学生综合素质的等级评定或简单量化赋分，并通过多种渠道或途径来"包装""美化"学生的综合素质档案，试图以此来博取、赢得学校招生人员的关注与"青睐"。究其实质，这是一种"升学导向"、强化结果的"单向度"学生评价，忽视甚至遗忘了学生的过程性表现，如参与活动的典型行为、创新精神、研究性学习作品等信息。无疑，此种将综合素质评价的功能窄化抑或异化为高一级学校招生服务的倾向与做法，易使学校综合素质评价实践充斥着功利化、机械化、工具性色彩，进而也就严重背离了该制度设计的育人初心与使命。诚如有学者所指出的那样："综合素质评价是我国学生评价体系中的一个组成部分，促进学生发展应该是其本体功能，用于高一级学校招生是其衍生功能。衍生功能发挥作用的前提是综合素质评价扎实推进和其本体功能的充分发挥。但遗憾的是，国家政策自始至终重视的是综合素质评价的衍生功能，而忽略了其本体功能。"[①]

二 学校应将育人视为实施综合素质评价的核心价值

在我们看来，根植于新中高考改革的时代语境，适当发挥综合素质评价的甄别、分流、选拔功能固然无可厚非，但从"全面贯彻党的教育方针，落实立德树人根本任务"的指导思想上来看，进一步彰显其育人的教育价值和培养功能，并以此来促进基础教育学校"转变育人方式"才应是其时代精神与应然追求。因此，学校在实施学生综合素质评价时，应在思想观念和战略基点上做进一步的厘定与澄清，即要回归其本源定位，"在观念层面要认识到综合素质评价的育人功能大于招生。虽然综合素质评价是招考制度的重要内容之一，但其在目的上强调培育而非甄别学生……是一种典型的过程性评价，其实施过程也彰显育人价值。"[②] 因此，学校应牢牢把握、旗帜鲜明地坚守、彰显、张扬综合素质评价的本体功能和核心价值——育人。至于其"选拔"功能，则应是其"辅助目的"。"综合素质评价的首要目的在于育人和促进人的发展，辅助目的才是助力中考、高考的使用和改革。"[③] 也就是说，学校实施综合素

[①] 王萍:《普通高中学生综合素质评价的阻抗与消解》,《课程·教材·教法》2017年第7期。

[②] 辛涛:《深化教育评价改革 促进育人方式转变》,《中国考试》2021年第2期。

[③] 刘志军、徐彬:《综合素质评价：破除"唯分数"评价的关键与路径》,《教育研究》2020年第2期。

质评价不是给学生"贴标签"将其划分为三六九等，也不宜机械沦为只是为高一级学校招生服务的工具或"附庸"，而是要通过评价活动的开展以及评价工具的设计，来整体培育和系统提升学生的综合素质。即进一步落实习近平总书记在全国教育大会上所强调的，培养社会主义建设者和接班人"要在增强综合素质上下功夫……教育引导学生培养综合能力……培养创新思维"[1]。如江苏海安高级中学在校本化的学生综合素质评价实践探索中，始终把促进学生发展作为根本性追求，淡化综合素质评价的功利化色彩，将育人视为其不可偏离、更不能偏废的核心价值。该校以平台建设解决操作性难题，以活动开展务实个性化发展，以写实记录取代功利性评价，以遴选整理还原情境性经历，[2] 突出对学生全面发展状况的观察、记录、分析，真正引领、促进了学生全面而个性化发展。

第二节　识别潜能优势：学校应瞄准综合素质评价的育人"靶心"

"育人为本"理念下的综合素质评价实施，除了要求学校"在增强综合素质上下功夫"之外，我们还需要辨析并澄清一个重要议题，即综合素质评价对受教育者而言究竟意味着什么？也就是说，学校到底应如何做才能真正"促进学生认识自我、规划人生，积极主动地发展"？在我们看来，学校在常态化、规范化实施综合素质评价过程中，只有瞄准了育人"靶心"，其蕴含的教育价值才能得以充分释放和彰显。

---

[1] 《习近平著作选读》（第二卷），人民出版社2023年版，第200页。
[2] 董裕华：《去功利化愿景下高中综合素质评价路径探析——基于江苏省海安高级中学的实践与思考》，《中国教育学刊》2018年第5期。

一 以"鉴赏家"的智慧洞察学生个体的"独特之处"

在我们看来,综合素质评价是对"精妙、复杂及重要特质的洞察过程"。它不同于一般意义上、模式化的"合格性评价"或"判定性评价",而是重在识别、洞察、剖析学生的个性特征,以清晰而明了地勾勒、描述和呈现其可能是一个什么样素质、人格、品行的人。这一评价理念与逻辑在《意见》中有明确陈述,即"综合素质评价是对学生全面发展状况的观察、记录、分析,是发现和培育学生良好个性的重要手段。……把握学生的个性特点,关注成长过程。"无论是"观察、记录、分析",还是"发现和培育",抑或是"把握特点,关注过程",均指向的是对学生独特的、与生俱来之禀赋、特质、潜能的识别、判断和洞察。艾斯纳指出,所谓评价是一种"有见识的感知行为,亦即鉴别对象的精妙、复杂及重要特质的洞察过程。……作为一个鉴赏家,就是知道如何审视、洞察及欣赏。"[①] "教育评价需要一幅精到的、解释性的地图,它不仅能从教育情境中把琐屑的东西从重要的东西中区分出来,而且能理解所看到的东西的意义。"[②]

由此可见,具有良好结构和效能的综合素质评价,其育人旨趣应聚焦于对学生发生于真实复杂情境中种种行为表现等方面的精细观察与专业分析上,并以此来深度描述、理性揭示出隐藏、"潜伏"于行为实践背后的内在品格和独特"面孔"。如在河南省K学校调研时,一位教师谈到,学生正处于不断发展的阶段,充满着无限可能性,评价不能"一锤定音",我们要学会发现他们的"独特之处"。她列举了一个典型案例,"小明(化名)是一个

---

① 李雁冰:《课程评价的新途径:教育鉴赏与教育批评——艾斯纳的课程评价观再探》,《外国教育资料》2000年第4期。
② [美] 埃利奥特·W. 艾斯纳:《教育想象:学校课程设计与评价》,李雁冰等译,教育科学出版社2008年版,第199页。

内向、皮肤黝黑的孩子，学习成绩不太好。但他非常关心集体，本身力气很大，班级里最脏最累的活他都抢着干，好像有使不完的劲儿。……在期末时，他被评为了'劳动之星'。"由此可见，这位教师在评价过程中不再"唯分数论"，而是重在强化了对学生独特品质以及精妙、复杂特质的洞察和彰显，契合了我们对综合素质评价内在精神的体认和理解。另外，需要特别指出的是，由于素质的"内隐"特性，我们对其的识别和判断可能是一个极为复杂的漫长过程。"对中小学生来说，学生的个性特质很可能未显现或待显现，即所谓'潜质'……不只是政坛、商界领袖，还有不少文化、科技精英，在中小学时代曾被视为'差生'。"[①]所以，实施学生综合素质评价不是"一概而论"地依据"统一标准"将学生判定为"优秀""良好""合格"或"不合格"，而是要"多一双发现的眼睛"和"多一把衡量的尺子"，进而以此识别出学生独特的"那一面"。

二 综合素质评价是要教师找出个人发展根源的"机灵点"

《意见》中进一步强调，综合素质评价要"激发每一个学生的潜能优势，鼓励学生不断进步""引导学生发现自我，建立自信，指导学生发扬优点，克服不足，明确努力方向"。在我们看来，综合素质评价不是针对学生短板、弱项、缺陷的评价，相反，"综合素质评价就是从任何一个可能的方面发现和鉴赏学生所具备的优势素质的过程。"[②] 按照加德纳的多元智能理论，每个人必有其与生俱来、独具特点的优势智能，有的可能擅长逻辑推理，有的可能擅长空间想象，有的可能擅长人际交往，不一而足。而良好教育的关键与核心，就是要通过评价使这种独特的优势智能得以凸显、涌现出

[①] 柳夕浪：《学生综合素质评价：怎么看？怎么办？》，华东师范大学出版社2016年版，第32页。

[②] 蒙石荣：《综合素质评价：评价育人何以可能？》，《今日教育》2020年第5期。

来。恰如苏霍姆林斯基所指出的那样："最主要的是，要在每个孩子身上发现他最强的一面，找出他作为个人发展根源的'机灵点'，做到使孩子在他能够最充分地显示和发挥他天赋素质的事情上达到他的年龄可能达到的卓著成绩。"① 循此思路与逻辑，"育人为本"理念下的学生综合素质评价实施不宜囿于"木桶理论"所圈定的"那块短板"，其靶心与目标应着眼于学生独特的、关键的潜能优势，强调用鉴赏、欣赏的眼光对学生进行全方位、多角度的观察与分析，进而发现、挖掘、呈现出学生的"机灵点"和"闪光点"，并汇集众多力量进行培育与滋养，促使其不断成长和发展，静待花开。在河南省 S 小学调研中，有位教师谈道："在新学期开始，我们班来了位女同学，她很腼腆内向，不爱与人交流，我几次与她谈话，她也总是红着脸、低着头。……但在一次学校组织的'我型我塑'舞蹈节上，我发现了她的天赋和'闪光点'。在舞台上她好像变了一个人似的，整个人精神饱满、神采飞扬，完全颠覆了我对她原来的刻板印象。以后，我就经常鼓励她参加这样的活动，孩子在自己的'闪光点'上找到了自信和自我，成绩也提高了不少。"总之，"综合素质评价的着力点，一定不能放在具体的内容上，而要引导学生去发现自己的兴趣，做自己最喜欢的事情，发掘出自己身上特殊的闪光点和潜力，从而帮助学生从单纯的考试训练中解放出来，实现自身的全面发展。"②

第三节 融合课程建设：学校应夯实综合素质评价的育人载体

在新高考改革语境下，学生综合素质评价体系应包括对学生

---

① [苏联] B. A. 苏霍姆林斯基：《帕夫雷什中学》，赵玮等译，教育科学出版社 1983 年版，第 3 页。

② 秦春华、林莉：《高考改革与综合素质评价》，《中国大学教学》2015 年第 7 期。

综合素质的培育、塑造与提升，以及对其全面发展状况的观察、记录与分析等"子集"系统。而此两部分的效能达成和价值实现均与学校课程建设这一实践基础深度联结、密不可分。事实上，学生综合素质评价"落地"，若缺失了学校课程建设的有力支撑和有效供给，那么其必将陷入"无源之水""无本之木"的困境与无奈之中。然而，实践调研发现，诸多学校在常态化实施综合素质评价过程中，并未与自身的课程建设架构起紧密的关联、融合路径。相反，却被视为一种"额外负担"而遭遇到了种种诘问和责难，进而使其游离、"超脱"于学校整体有机的课程教学变革之外。鉴于此，笔者拟对此议题作一厘定与澄清，以期对深化学生综合素质评价的规范化实施，进而改善学生评价生态有所裨益。

一　学校课程建设是全面提高学生综合素质的重要载体

《国家中长期教育改革和发展规划纲要（2010—2020年）》在"全面提高普通高中学生综合素质"中明确指出："深入推进课程改革，全面落实课程方案，保证学生全面完成国家规定的文理等各门课程的学习。"由此可见，在新时期，全面提高学生综合素质，需厚植、扎根并紧紧依托于学校的课程建设与变革实践。从某种程度上来说，学校课程建设是协助学生知识获得、经验积累、生命成长的丰富养料，亦是促进学生自主选择、个性发展、综合素质提升的重要载体。

（一）学校课程的"开足开齐"能够奠定学生素质发展的牢固基础

课程是联结学校教育教学理念与学生综合素质发展的桥梁和纽带。这是因为，"课程是教育事业的核心，是教育运行的手段，没有课程，教育就没有了用以传达信息、表达意义和说明价值的媒介。"① 因此，在落实立德树人根本任务，促进学生全面而有个性发展的时代精神下，高中学校能否"开足开齐"相关课程，进而提供门类众多、内容丰富、特色鲜明的课程"集群"，是其内涵式、特色化发展的核心要义，亦是全面培养学生综合素质的关键举措。例如，《教育部关于加强和改进普通高中学生综合素质评价的意见》（以下简称《意见》）中的"艺术素养"维度，其主要目的是"考察学生对艺术的审美感受、理解、鉴赏和表现的能力。重点是在音乐、美术、舞蹈、戏剧、戏曲、影视、书法等方面表现出来的兴趣特长，参加艺术活动的成果等"。由此可见，对于高中学校而言，其对学生艺术素养的培育与塑造，就不宜仅限于传统学校中的"音乐""美术""书法"等课程（事实上，部分学校由于缺少足够师资以及应试思维作祟等原因，国家课程的"开足开齐"亦是难事），而应积极开发、建设出诸多与艺术类实践活动高度相关的课程门类（如"戏剧""戏曲""影视"等课程）。然而，调研发现，部分学校受高考指挥棒的规约与束缚，"考什么就教什么"的思维定式根深蒂固，致使诸多高影响力、体验性、实践性课程的有效供给严重滞后与缺失。无疑，学校课程的"开足开齐"是奠定学生综合素质发展的牢固基础，毕竟，对高中学生而言，多一种异质性、与众不同的课程体验，可为其未来的全面发展创造出更多的可能性。

（二）学校课程的"可选择性"利于发现和培育学生良好个性品质

在新时期，综合素质评价制度设计的初心与使命是"发现和培育学生良好个性"。而要实现此目标与愿景，高中学校需构建、打造出更具丰富性、多样化以及可选择性的课程体系作为基础和支撑。这是因为，"学生的个性发展差异需求是课程建构的出发点。

---

① P. H. Taylor and C. M. Richards, *An Introduction to Curriculum Studies*, Swindon：NFER Publishing Company, 1979, p. 11.

学生的需求不同，教育的供给也应该不同，作为学校教育服务的最重要的产品——课程，就应该是多样的、可以选择的。"① 然而，受传统教育教学观念的羁绊，我国学校课程建设更多呈现出同质化、模式化、单一化的特征和样态，难以关照到每位学生的独特需要与多元诉求，从而使其陷入"被选择""难选择"的窘境和无奈之中。

为克服、扬弃"统一型"课程体系对学生个性成长与发展的束缚和局限，高中学校应进一步增强学校课程建设的"可选择性"逻辑与品质。"通过建构多样化、可供选择的课程体系，发现和尊重每一位学生的不同，唤醒每一位学生的潜能，启动每一位学生自主发展的内动力便成为现代普通高中学校的责任担当和价值追求。"② 并且，"课程越是'个人选择'的，越显现出'个性'，他们个人的潜质就越能释放出来。让所有学生的智慧充分涌动的课程才是好的课程。"③ 因此，在我们看来，学校课程的"可选择性"将对学生的个性养成和素质培育产生驱动与催化作用。所以，高中学校应建构出基础与拓展、分层与分类、专题与综合、学术与实践等彼此交互、有机联结、融会贯通的课程体系，唯有此，才有利于学生学习选择权的进一步实现，进而培育学生良好的个性品质，以不断满足日益变革的未来社会需要。

（三）学校课程的"追求卓越"有助于激发学生独特的潜能优势

《意见》明确指出，评价要"坚持指导性，把握学生的个性特点，关注成长过程，激发每一个学生的潜能优势，鼓励学生不断进

---

① 李希贵、秦建云、郭学军：《构建可供学生选择的普通高中学校课程体系的实践研究》，《教育学报》2014 年第 1 期。

② 李希贵、秦建云、郭学军：《构建可供学生选择的普通高中学校课程体系的实践研究》，《教育学报》2014 年第 1 期。

③ 石鸥：《选择一种课程就是选择一种未来——关于高中多样化、选择性课程结构的几点认识》，《中国教育学刊》2003 年第 2 期。

步"。可见，高中学校实施综合素质评价，除了要求学生达到国家规定的学业质量标准之外，还要最大限度地挖掘、激励、彰显其独特潜能或优势素质，以进一步明晰其学科特长和专业性向。而要实现此制度设计的教育"初心"，学校课程的"追求卓越"也就显得十分重要和紧迫了。然而，长期以来，我国学校课程结构与体系存在的内在流弊和不足之一，即是较多强调面向全体学生的统一性与基础性发展需要，但却相对忽略了部分学生的个性化和超常规诉求。尤其对学有余力的学生而言，这种"吃不饱"的困境无疑是阻碍其"野蛮生长"、限制其潜能释放的病灶所在。

为调动学生学习的积极性、主动性和创造性，进一步挖掘、激发其潜能优势，学校课程建设应努力"追求卓越"，进而为更多优秀学生提供最好的滋养和资源。对此，国外如火如荼的 AP 课程（Advanced Placement）建设，以及我国部分中学所开发的"特供类"课程（如"中国科学院课程"，北京市第三十五中学）、"综合性"课程（如"高端科学实验综合课程"，北京十一学校）等，都是学校课程建设追求卓越品质，进而努力激发学生优势潜能的创新举措。以 AP 课程建设为例，美国为提升高中教育教学质量，进一步激发学生的智力活力与潜能优势，开设了诸多优质、高端的 AP 选修课程。学习 AP 课程的条件即是拥有努力学习与挑战自我智力的愿望，深入钻研某一学科的强烈渴望及承担更多智力任务的坚定决心。[1] 实践证明，此类"追求卓越"的学校课程供给有助于激发学生独特的潜能优势，可满足不同专业性向学生的学习需求，积极拓展其成长发展的进步空间，从而提升拔尖创新人才培养的效率和质量。

---

[1] 任长松：《追求卓越：美国高中 AP 课程述评——兼谈近年来美国高中教育质量的提高》，《课程·教材·教法》2007 年第 12 期。

二 课程修习质量是客观评价学生综合素质的核心参照

如何将学生参与课程修习的质量和水平作为其综合素质评价的核心参照,一直是学校实施中的焦虑与困扰。诚如有校长所指出的那样:"无论是各类课程,还是学生活动,都存在与综合素质评价工作相脱节的现象,并未将学生学习各类课程过程中所表现的素养,以及各类活动中学生所展现的特征和品质,纳入综合素质的评价中。"① 在笔者看来,可将学生学习相关课程所取得的考试成绩或学分以及修习过程中的突出行为表现、形成的标志性成果等作为重要观测点来实施评价。

(一) 课程修习所取得的考试成绩或学分

实践调研发现,部分教师认为实施综合素质评价仅需关注学生的"非学术性能力"即可,而其学业成就或考试成绩则可放置于次要地位。事实上,此种观念是对我国新时期所构建的学生综合素质评价制度的最大误解与误读。在我们看来,学生综合素质发展离不开其学业成就或考试成绩指标,这一点在国外学生评价实践中亦有广泛思想共识,正如有学者所指出的,其"相同之处是它们都认为学生的学术能力或者学业成绩是学生综合素质的一个重要组成部分。在我们所搜索到的各种针对高中生的评价体系中,基本上都没有把学生的学术能力或者学业成就排除在综合素质之外,而都是把它作为一块十分重要的内容"②。基于此,我们对学生综合素质评价的核心参照之一即是其课程修习所取得的考试成绩或学分,这在《意见》中亦有明确规定和陈述,即学业水平"主要考察学生各门课程基础知识、基本技能掌握情况以及运用知识解决问题的能力等。重点是学业水平考试成绩、选修课程内容和学习成绩……特别

---

① 何天宝:《普通高中学生综合素质评价:问题与建议》,《未来教育家》2020 年第 6 期。
② 崔允漷、柯政:《关于普通高中学生综合素质评价研究》,《全球教育展望》2010 年第 9 期。

是具有优势的学科学习情况"。由此可见，综合素质评价并非盲目排斥、摒弃分数式评价路径，相反，学生课程修习所取得的考试成绩仍是检验其对知识理解、技能掌握、实践操作等情况较为客观、高效的评价方式，亦是衡量、判断其学习力优劣的重要凭依（当然，此处所述的考试成绩包括过程性和结果性考试成绩两类）。另外，除以原始分数呈现的考试成绩外，学分制是课程修习结果的另一量化表征形式。如潍坊市 D 中学构建了"生本·多元·选择"课程环境下的学生综合素质评价体系，其中，"六大节会课程"（文学节、科技节、音乐节等）和研学课程、社会实践课程等即是以学分形式纳入综合素质评价范畴，以鼓励学生积极参与、经历和体验，受到了一致认可与好评。

（二）课程修习过程中的突出行为表现

此次学生综合素质评价改革，除了把考试成绩或学分作为核心参照外，还需将其在课程修习过程中的行为表现情况涵括其中，从而达到对学生"知"与"行"的全面诊断和评价。如清华附中所开发的"诚志"学生综合素质评价系统，其测量对象或手段就是"行为"，其做法即是将学生在三年高中期间的行为收集起来，然后基于行为，建立与最终评价结果之间的相关性。……只有基于具体行为的评价，才具有客观性、公正性和科学性。[①] 另外，需要特别指出的是，此次综合素质评价改革除了关注学生的"一般"或"普通"行为外，更尤为强调对其"突出表现""优秀表现"或"代表性行为"的考察与评价，其目的即是要引导学生"发现自我""建立自信""发扬优点"。这一诉求与指向在《意见》中亦有明确规定，即实施综合素质评价要"坚持客观性，如实记录学生成长过程中的突出表现，真实反映学生的发展状况，以事实为依据进行评价"。并且，"学生的相关特长、突出事迹、优秀表现等情况记

[①] 王殿军、鞠慧、孟卫东：《基于大数据的学生综合素质评价系统的开发与应用——清华大学附属中学的创新实践》，《中国考试》2018 年第 1 期。

入学生综合素质档案。"在我们看来，学生在课程修习过程中的突出行为表现更能彰显其独特的个性品质、学科优势和专业特长。调研发现，这一评价思路在部分中学的改革实践中亦有诸多探索与尝试，如以郑州市 Z 中学为例，该学校在校本化实施时采用了"观察表现，认定星级"的评价思路，即将学生在课程修习过程中的突出行为表现（例如组织大型集体活动、担任文艺会演主持人、举办个人作品展等）作为"星级认定"的重要观测点和依据。无疑，这一做法既提升了评价的客观性、便捷性和可操作性，同时也为进一步激励学生"发现最真实的自我"提供了展示平台与成长机会，效果良好。

（三）课程修习过程中形成的研究性成果/作品

除主要考察学生课程修习所获成绩、学分及过程中的突出行为表现外，《意见》中亦将学生的"研究性学习与创新成果""参加艺术活动的成果"以及参加社会实践活动"所形成的作品""调查报告"等，作为评价其综合素质发展状况的重要观测点。为何着眼于这样的制度设计，在笔者看来，有以下两点教育学思考和意义。其一，为学生的综合素质评价提供客观证据。长期以来，我们对学生素质发展状况的评价与判定，较多凭依教师的"主观感受"和"个人好恶"，致使评价的随意性很强，缺失了客观、公正和说服力。如此，"在综合素质评价中，仅仅凭陈述材料（包括自我评语和教师评语），不足以断定学生是否具备材料所描述的素质。为了进一步确证，有时还需要让学生提供作品（如书法作品、美术作品、文学作品等）以起到印证作用。"[①] 总之，强化基于证据的综合素质评价，是此次学生评价改革的本质规定和鲜明底色。其二，借助丰富的"学习成果形式"来实施综合素质评价。尹后庆指出，我们对学生素质发展状况的评价，不宜只是测试其对学科知识与技

[①] 罗祖兵：《欣赏性评价：综合素质评价的方法论选择》，《课程·教材·教法》2018 年第 1 期。

能的掌握，而是要学会选用多样的学习成果形式进行评价，如文科类课程可以用撰写评论、调查报告、口头讲演等方式，实验类学科用递交实验报告方式，视觉艺术类以作品方式，语言类和音乐类课程用语音录制方式，等等。① 在我们看来，这些种类繁多、形式多样的研究性成果或作品，是学生创造力、想象力与实践力的最佳呈现和最好证明，将其作为学生综合素质评价的核心参照是题中应有之义。

三 综合素质评价与学校课程建设深度融合的实践探索

校本化的综合素质评价实施应与学校课程建设深度融合，已成为学界的思想共识。如有学者指出："综合素质评价的基础是要让课程的实施成为发现、发挥每一个学生专长和潜能的机会。……学生在多样化的学习机会中，个人的表现信息不断呈现，搜集和分析这些信息，不断给予发展支持、引导和校正，从而达到促进学生认识自我、规划人生、积极主动发展的目的，这就是综合素质评价的过程和作用。"② 也有一线校长认为："将学校课程和活动与综合素质评价工作相结合，关注学生核心素养。学校在开展学生综合素质培养工作时，应与学校课程相融合，而非单独分割开来。"③ 调研发现，部分学校已在此方面进行了诸多有益的探索与尝试，值得关注和省思。

（一）基于综合素质评价五大维度系统建构学校课程体系

学生综合素质评价体系的内容构成包括"思想品德""学业水平""身心健康""艺术素养""社会实践"五大维度，这也就意味着学校课程体系可基于此不同维度进行开发和建设，以利于综合素

---

① 尹后庆：《站在追求文化自觉的高度推动综合素质评价改革》，《人民教育》2017年第19期。

② 尹后庆：《站在追求文化自觉的高度推动综合素质评价改革》，《人民教育》2017年第19期。

③ 何天宝：《普通高中学生综合素质评价：问题与建议》，《未来教育家》2020年第6期。

质评价真正"落地"。遵循此原则与逻辑,高中学校可对现有的课程门类、内容及设置情况进行统整、优化和完善,以革除课程之间存在的要素分离、逻辑混乱等弊端,进而形成以综合素质评价五大维度为划分依据的学校课程体系。如青岛市 S 中学建构了"五板块四层次"的新人文课程体系,其中,"五板块"是将学校课程横向分为人文素养课程、科技素养课程、艺术素养课程、国际视野课程、身心健康课程等板块,每一板块又形成不同的课程群,以与综合素质评价的内容结构形成有机的关联和支撑。又如河南省 Z 中学以综合素质评价五大维度为参照点,并在整合国家课程、地方课程的基础上建构了"三型六类"课程体系。其中,"六类"是数学与逻辑、科学与技术、人文与艺术、公民与社会、健康与生活、实践与创新等课程,这与综合素质评价五大维度有异曲同工之妙。总之,基于综合素质评价五大维度来系统优化学校课程体系,有利于将学校零散、混乱、无序的课程有机、系统地组织起来,进而使综合素质评价与学校课程建设深度融合,充分发挥课程育人和评价育人的功能,并为学生的综合素质培养与评价提供重要载体和依据。

(二)基于学校独特育人目标整体设计特色课程群

在高等学校实施"综合评价""精准选拔"战略的时代背景下,学生综合素质发展的特色化、差异化和个性化就显得非常重要与紧迫了。而要实现此诉求和愿景,高中学校就需破除"统一化"思维窠臼而确立独特的育人目标定位,并以此为基点来系统建构、整体打造特色课程群作为支撑与依托。如在《上海市普通高中学生综合素质纪实报告》中特别设置"学校特色指标"模块,其目的即是要积极引导高中学校系统思考其课程的整体设计,以形成人才培养方面的特色。[①] 基于此评价理念和思路,山东省 L 中学立足"培养具有坚韧力、成长力和卓越力的坚毅少年"的独特育人目标,

---

[①] 陆璟:《普通高中学生综合素质评价的"上海设计"》,《中小学管理》2015 年第 6 期。

建构并实施了包括弘毅课程（即学业类课程群）、英毅课程（即德育类课程群）、轩毅课程（即艺术类课程群）、勇毅课程（即体育类课程群）、清毅课程（即生涯规划类课程群）等构成的"坚毅"课程体系，以期不断锤炼、塑造与提升学生的坚毅素质。又如上海市C中学秉持"大环境"的独特育人理念，构建了包括"环境·科技"类课程群、"环境·人文"类课程群、"环境·心理"类课程群在内的"环境素养培育"特色课程系统，以培养学生的环保意识和素养，成效显著。[1] 总之，将学校独特育人目标与特色课程群建设深度融合，有助于高中学校形成鲜明、多元化的人才培养特色，进而能为学生全面而个性化的成长与发展奠定扎实基础。

（三）基于学生职业发展倾向着力打造生涯规划课程系列

《意见》明确指出："全面实施综合素质评价，有利于促进学生认识自我、规划人生，积极主动地发展。"深刻体悟此制度设计的内在意蕴，我们认为，综合素质评价是一种"着眼于学生特殊性和未来发展的发展性评价方式"，[2] 其目的即是通过对学生全面发展状况的整体性评估，来使其更加客观、全面地认识自我，发现潜能优势，从而寻找到一条最适合自己的成长与发展道路。因而，从某种程度上来说，实施综合素质评价与开展生涯规划教育具有内在一致性和高度契合性。诚如有学者所言："综合素质评价和生涯规划实际互为表里，综合素质评价对学生能力的评定是帮助学生在生涯规划中完善自我认知及确定生涯发展方向和目标的基础，生涯规划则最终实现综合素质评价的意义。"[3] 因此，为推进综合素质评价真正"落地"，学校可基于学生职业发展倾向着力打造各具特色的生

---

[1] 上海曹杨中学：《构建具有环境素养培育特色的学校课程体系——上海曹杨中学》，https://max.book118.com/html/2017/0903/131583805.shtm。

[2] 樊亚峤、徐海：《高中学生综合素质评价与生涯规划教育的整合策略》，《中国考试》2020年第1期。

[3] 樊亚峤、徐海：《高中学生综合素质评价与生涯规划教育的整合策略》，《中国考试》2020年第1期。

涯规划课程系列，以使学生能在课程修习过程中发现自身的学科优势和专业性向，进而确立个人奋斗目标，明晰努力方向。此改革思路在学校实践中有诸多探索，如上海市 K 中学基于学生综合素质评价的主线——"未来发展导航"，重点打造了指向学生未来职业启蒙的四大领域（科创、文创、人文、艺体）课程系列。如科创领域包括生物与医学、编程与 AI 等课程，人文领域包括文学与传媒、语言与交流等课程。此类课程均是紧密围绕相关社会职业领域而建，意在丰富学生的职业体验和感受，并尝试进行生涯规划，得到了广泛认可与欢迎。

第四节 聚焦"关键事件"：学校应改进综合素质评价的育人过程

评价育人价值的充分发挥与彰显有待于其育人过程的改进和完善，这一直是有效实施综合素质评价的难点与困扰所在。调研发现，学校在开展综合素质评价过程中常陷入"面面评价""处处评价"等所谓"细节评价"的泥沼和怪圈之中，而丧失了对其成长与发展可能带来重大影响的"关键事件""重要转折点"的鉴赏、评析与洞察，因此学校有必要消解、扬弃此评价理路，进而积极改进综合素质评价的育人过程。

一 "细节评价"易形成对学生的外在规约与束缚

从笔者近些年的实践调研情况来看，诸多校长及一线教师对实施综合素质评价一直多有抱怨，其困扰之一就是评价工作过于琐碎、繁重，常常疲于应付。究其原委，笔者发现，对于学生综合素质的评价常常局限于对其日常学习及生活细节的评比及鉴定上。如此，这就易导致学校在实施综合素质评价过程中指向不明，缺乏聚焦点，从而难以发挥与彰显其深层次的育人价值和教育力量。下面以某学校实施方案中的评价指标为例作一剖析（见表2—1）。

表2—1　　　　某学校综合素质评价指标体系（节选）

维度	二级指标	评价观测点
品德发展	行为习惯	1. 尊重师长，遇到师长主动问好、行礼，和同学相处待人友善。（1分） 2. 能够分担家庭劳动，会自己洗内衣袜子，能够自己整理自己的房间，不乱花钱。（2分） 3. 积极参加班级值日，能够打扫干净班级的卫生，会扫地拖地、会整理班级内务。（2分） ……
学业发展	学习习惯	1. 能够学会按照老师的要求进行课前预习。（1分） 2. 课前准备好学习用品，并排放在规定的位置。（1分） 3. 听到上课铃响，能及时到达自己座位。（1分） 4. 上课时，在一定时间内不东张西望，不做小动作，不与他人说话，不随意在教室走动。（1分） 5. 积极发言，参与课堂讨论。（2分） 6. 课堂发言时，声音响亮，站姿规范，回答问题清楚完整。（2分） ……

该校的综合素质评价实施采取的是一种"赋分式""细节式"评价思路，即将学生的综合素质转化为其"具体的""点滴化"的外在行为指标，并依据这些指标来对学生进行判定。对于实施者而言，这样的评价方式简便易行、可操作性强。但是，实践表明，此类评价看似详尽周全，顾及学生日常行为表现的方方面面，但其带来的育人效果及影响却是不尽如人意的，其流弊与症结就在于其将综合素质评价实施简单等同于了日常行为规范，过于关注学生日常生活及学习实践的细枝末节。看似是为了鼓舞与激励，实则是处处规约和压抑。如此一来，评价就像是"紧箍咒"，极易形成对学生的外在规训与控制。正如有学者所指出的那样，"综合素质评价，一定要全面，尽可能地从多个方面发现学生所具备的素质，但它并

不要求要对学生每个方面的素质进行评定"。① 并且,"面面俱到的评价指标不仅会冲淡评价的重点,而且还会加重评价者的工作负担,导致敷衍了事的评价行为。"② 因此,学校实施综合素质评价应摆脱"应试化""分析式"评价逻辑的禁锢与束缚,转向聚焦"关键事件",强化基于真实复杂情境中学生"代表性""典型性""关键性"行为表现开展评价,进而改进育人过程以实现育人的初心与使命。

二 基于"关键事件"评价的育人价值

《意见》中明确规定:"坚持客观性,如实记录学生成长过程中的突出表现""一般性的活动不必记录""每学期末,教师指导学生整理、遴选具有代表性的重要活动记录和典型事实材料以及其他有关材料""档案材料要突出重点,避免面面俱到、千人一面。有些活动项目学生没有参加或事迹不突出,可以空缺"。国家学生综合素质评价政策为何要着眼于这样的制度设计?其背后的价值或"深意"是什么?在我们看来,之所以如此强调学生的"突出表现""代表性/重要活动记录"或"突出事迹",其意在于厘定与澄清究竟哪些经历、事件或活动,才能对学生的全面发展和个性成长,带来积极、显著与持续的影响和驱动力,也即是本书所称的"关键事件"。有学者指出,所谓"关键事件即为人—情境互动过程中的特写镜头。只有那些促动个人成长的重要节点,才是真正意义上的关键事件"③。它可以是一次志愿服务,可以是一次远足旅行,也可以是一次研究性学习实践,等等。而此"事件的关键意义,是与特定人的发展相联系的,意味着人对习惯了的生活方式、思维模式的一种打破,熟悉生活圈的一次跳跃,已有价值观念的一

---

① 罗祖兵:《分析式综合素质评价的困境及其突围对策》,《教育科学》2014 年第 5 期。
② 蔡敏:《高中学生综合素质评价:现状、问题与对策》,《教育科学》2011 年第 1 期。
③ 柳夕浪:《撬动未来的杠杆——学生综合素质评价改革研究》,浙江教育出版社 2021 年版,第 92 页。

次冲击、澄清和再造。"① 也就是说，此"关键事件"蕴含着学生价值观重塑、生活习惯养成、行为范式转化、个体精神蜕变的重要因子，它完全不同于学校过往评价中所关注的"量化指标"或"规定动作"，而是指向于学生深度参与其中后，所带来的不同切身体验和共情感悟。如河南大学附属中学的两位学子于2021年11月21日晚，因出校门捡球，遇到了一位骑电动车摔倒在地的女子，他们临危不乱，根据女子的症状判断这并不是简单的摔倒而是"心搏骤停"，毫不犹豫地利用课上学到的急救知识轮流为女子做了10分钟的心肺复苏，最终挽救了女子的生命，这件事可称为"关键事件"。他们在该事件中的行为表现，充分体现了其见义勇为、敢于担当、乐于助人、学以致用的优秀品质，这件事将会对他们未来的成长发展产生深远影响。综合素质评价的育人价值与意义，就在于将其揭示和呈现出来，并引导学生继续朝着正确、积极、良性的发展道路上前行。无疑，这种"基于关键事件的评价就在于准确揭示关键事件特别是那些丰富多样细节的意义，使当事人在被动或主动经历关键事件后能够及时获得教益。失去丰富多样细节支撑的评价一定是公式化的、苍白无力的，缺乏应有的教育力量"。② 因此，学校应转变评价思路，聚焦"关键事件"，努力使校本化的综合素质评价实施过程成为一种促进学生认识自我、提升自我，进而成就和完善自我的育人过程。

第五节　消弭"学段壁垒"：学校应强化综合素质评价一体化的育人设计

《国家中长期教育改革和发展规划纲要（2010—2020年）》指

---

① 柳夕浪：《撬动未来的杠杆——学生综合素质评价改革研究》，浙江教育出版社2021年版，第92页。
② 柳夕浪：《撬动未来的杠杆——学生综合素质评价改革研究》，浙江教育出版社2021年版，第98页。

出，要"树立系统培养观念，推进小学、中学、大学有机衔接"。2017年，中共中央办公厅 国务院办公厅印发《关于深化教育体制机制改革的意见》强调，要"构建以社会主义核心价值观为引领的大中小幼一体化德育体系"。2020年，中共中央、国务院印发《深化新时代教育评价改革总体方案》明确，要"实施大中小学劳动教育指导纲要，明确不同学段、不同年级劳动教育的目标要求"。由此可见，消弭"学段壁垒"，强化一体化的育人设计，已成为新时代学校教育高质量发展的时代诉求和迫切需要。基于此改革精神与教育理念，学校对于学生综合素质评价的制度设计也应着力实现不同学段在纵向层面上的联结、融合与衔接。总体而言，学校"要根据学生在中小学不同成长阶段的不同成长要求，探索建立目标一致、指标衔接、内容完整、价值一致的评价内容体系，使每个学生的成长形成完整、系统的过程记录"[①]。本书看来，综合素质评价是贯穿于小学、初中、高中乃至大学的一种学生评价制度，其实施并非各学段之间相互割裂、各行其是，而应该是相互贯通、逐级递进，并宜彰显出不同学段之间评价的重点与特色。具体来说，学校综合素质评价实施一体化的育人设计应重点明晰以下四个方面。

一 强化不同学段之间的"衔接性"

学校应立足于促进学生未来长远发展的宏阔视野来整体设计综合素质评价的相关制度体系，以形成对学生的全过程记录和纵横交叉分析，进而实现低段为高段提供事实证据、高段检验低段评价结果的良性反馈机制，以规避对学生的"误评"或"误判"。诚如有学者所指出的那样，"把小学、初中和高中学生的综合素质评价有机衔接起来，做到相互支持和相互印证，形成连续验证机制，以保

[①] 张志松：《综合素质评价的实践难题与改进策略》，《浙江师范大学学报》（社会科学版）2016年第3期。

障学生综合素质评价的质量。"① 事实上，这一思想与艾斯纳所提出的"结构的确证性"概念深度契合。所谓"'结构的确证性'是指收集资料和信息，并在它们之间建立联系，最终创造出一个被一些组成证据所支持的整体情境的过程。当证据之间彼此一致、情节成立、每一条都恰如其分、产生出意义并组成论据时，证据在结构上就是有确证性的"②。如此，基于连续性、确证性事实证据的评价才具有较好的信度和效度。

二　注重评价指标设计的"进阶性"

处于不同学段学生其生理年龄、认知水平、身心发展特点是有差异的，为"因时而评"，学校应针对不同学段学生设计不同的评价指标内容。"推进综合素质评价须将高中、初中、小学的综合评价结合推进。不同学段的综合素质应有不同的要求和侧重点，而不是简单的重复和升级。"③ 以思想品德维度为例，小学低年级可重点考察其文明行为习惯的养成，小学中高年级重点考察其规则意识和民主法治观念的形成，初中学段重点考察其对社会规范和道德规范的理解与遵守，高中学段重点考察其正确的世界观、人生观和价值观的形成以及积极践行社会主义核心价值观等情况，以体现评价的"连续性"和"进阶性"。

三　彰显评价方法选择的"差异性"

由于不同学段学生所接受的教育成长经历以及所参与的社会实践活动各有不同，所以学校应针对这些差异而采用不同的评价方式。对此，有学者明确指出，"小学阶段综合评价要从学生养成教

---

① 吴钢：《对我国中小学生综合素质评价的反思》，《现代中小学教育》2019 年第 9 期。
② ［美］埃利奥特·W. 艾斯纳：《教育想象：学校课程设计与评价》，李雁冰等译，教育科学出版社 2008 年版，第 246 页。
③ 张丰、沈启正：《综合素质评价"落地"的 N 种方式》，《中国教育报》2017 年 11 月 14 日。

育切入，采用丰富多彩的评价方式……初中阶段要促进学生的自我觉醒，规范实施过程性评价，关注课程经历，强调民主评议。高中阶段的综合评价应更加深入，宜兼顾采用学生的表现性与成果性评价。"[1] 如在实践调研中发现，Y小学在开展综合素质评价时采取纪实性策略，按不同学段的进阶成长指标，赋予象征性植物，即学校吉祥物——低段小嫩芽、中段太阳花、高段石榴果，结合发芽、开花、结果的成长规律，在课程实施中，根据评价指标的达成度，教师及时发放不同维度的成长养料卡，学生及家长扫码获取养料，相应吉祥物随之生长。此种评价方法生动形象、丰富有趣，充分彰显了学生个体的成长历程。

四 深化评价结果应用的"协同性"

每一学段所生成的评价结果到底如何使用，一直是综合素质评价"落地"的难题与困扰。在我们看来，学校应深化评价结果应用的协同性，不同学段学校可以通过综合素质评价，建立起双向互动、紧密联结的协同育人关系，以充分发挥综合素质评价的育人价值和作用。如中国人民大学附属中学已有这样的认识与自觉，即"通过课题研究、联合培养、跟踪调查等方式，与大学合作探究对学生综合素质评价体系的应用衔接，一方面明晰大学阶段教学科研对学生的素质要求，据此改进高中教育；另一方面从中学视角为大学提供真实、有效、重点突出的综合素质评价标准参照，以完善大学阶段的人才选录工作"[2]。实践证明，这一改革与探索颇见成效。

---

[1] 张丰、沈启正：《综合素质评价"落地"的N种方式》，《中国教育报》2017年11月14日。

[2] 刘小惠：《"强基计划"引领下的高中育人模式革新与思考》，《中小学管理》2021年第4期。

第三章

赋能增效：教师开展综合素质评价的关键任务

加强教师教育评价能力建设，支持有条件的高校设立教育评价、教育测量等相关学科专业，培养教育评价专门人才。

——中共中央 国务院《深化新时代教育评价改革总体方案》

评价者在对学生综合素质进行推断和解释时还有意和无意地夹杂了自身的已有知识或概念、偏见、价值观、意识形态等等解释框架。如何整合来自学生不同方面的表现的证据以及如何处理不同评价者在评价过程中已有观念的影响，则是综合素质评价需要研究和解决的重要问题。

——杨向东

通过行为记录、过程累积和发展变化来进行评价，每个人的起点有高低，我们要看到经过学习，学生的变化和成长，以此观察一个人的努力过程。用"绝对"结合"变化"来分析、理解一个人，才会更科学合理。

——王殿军

> 所谓的批评并不意味着否定性的估价,而是阐明某些事物的特质,以便于对该事物的价值作出估价。……但它也用于运动,用于研究评定,用于人类行为的评估。
>
> ——［美］艾斯纳

教师是学校综合素质评价"落地"的关键变量。若离开了教师对此评价实践活动的"文化认同"以及深度参与,所谓的推进实施都将付之空谈。那么,在此过程中,教师开展综合素质评价的关键任务是什么？在我们看来,增强教师对于综合素质评价理论体系及具体实施路径的深刻理解,进而获得教师对其的认可与支持至关重要。同时,驱动教师对学生活动写实记录形成客观、合理的解释路径,并进一步提升教师评价素养的专业化水平是紧迫课题。

第一节 教师对综合素质评价改革认同感的调查分析

一 问题提出

《国务院关于深化考试招生制度改革的实施意见》明确指出:"探索基于统一高考和高中学业水平考试成绩、参考综合素质评价的多元录取机制。"可见,在新高考改革语境下,综合素质评价作为"两依据一参考"制度设计的重要构成,其已由早先的偏重"教育性意义",转换为了具有"高利害性"特征的改革举措,必将对学生的个性化发展、综合素质提升,以及高校招录到最适合自身专业培养特点的优秀人才产生重要且深远的影响。

在当下,综合素质评价改革的"落地"和扎实推进,需获得诸多一线教师的普遍接受、广泛支持与深度认同。教师认同感(teacher receptivity)是指教师对改革所持的态度,或教师对改革表现出的主观上的接受程度和行为意向。[①] 教师作为综合素质评价的直接参与者与实践者，对于这项制度的认知态度和行为意愿至关重要。如果教师对相关改革缺乏较高的认同感与接受度，那再理想的制度设计和变革蓝图都将会形同虚设，以致停滞于"表面文章"，很难在改革实践中获得显著成效。浙江省和上海市作为此次新高考改革的试点地区，高中教师对综合素质评价改革的认同程度如何？影响教师认同感的内外部因素有哪些？进而如何增强其对综合素质评价改革的信任？针对这些问题，本书对两地的综合素质评价实施情况进行了调查分析，以期对深化学生综合素质评价改革，进而为改善学生评价生态提供参考性建议。

二 研究过程

（一）问卷设计

本书主要采用问卷调查、访谈的方法。问卷由两部分构成：第一部分为教师的人口统计学信息，包括年龄、性别、职称、学历等；第二部分为教师对综合素质评价认同感的调查问卷，该问卷改编自尹弘飚等人的课程改革认同感问卷，并根据综合素质评价的实际情况进行了调整和修订。修订后的问卷采用李克特1—5点评分，分数从低到高分别为：1. 完全不同意（1分）；2. 不太同意（2分）；3. 基本同意（3分）；4. 比较同意（4分）；5. 非常同意（5分），请被调查者根据自身实际情况选择相应选项。问卷包括18个题项，共含有4个维度，分别为：成本效益分析（即教师对实施综合素质评价的非金钱成本效益评估，共5题）、实用性（即实施综合素质评价的价值和意义，共3题）、支持保障（即教师感受到的来自校内外对实施综合素质评价的支持力度，共6题）、行为意向（即教师对实施综合素质评价的个人判断和主观意愿，共4题）。

[①] 王文岚、尹弘飚：《简析课程改革中的教师认同感》，《上海教育科研》2007年第2期。

（二）调查样本

2014年，浙江省和上海市启动了新一轮的高考改革试点工作。在此背景下，笔者采用整群抽样方式对两个地区的高中教师进行了问卷调查。其中，上海发放问卷55份，收回47份，有效问卷46份；浙江发放问卷120份，收回117份，有效问卷112份。样本人口统计学信息如表3—1所示，教师总体年龄平均值为38.82岁，标准差为8.845。

表3—1　　　　　　　　　样本人口统计学信息

人口学因素	年龄（M±SD）	性别 男	性别 女	职称 未定级	职称 中教二级	职称 中教一级	职称 中教高级	学历 专科	学历 本科	学历 研究生（硕士）	学历 研究生（博士）
上海	37.50±9.24	14	32	5	7	20	14	0	36	9	1
浙江	39.35±8.66	38	74	5	22	43	42	0	91	21	0

注：M为平均得分，SD为标准差。

（三）信度检验

为检验问卷信度，使用SPSS 19.0统计软件对问卷进行分析，结果如表3—2所示。总体调查问卷信度以及浙江、上海两地区的调查问卷信度系数均大于0.8，可以得出该问卷总体信度具有可靠性。其中，成本效益分析、实用性、支持保障、行为意向各分量表的信度系数均在可接受的范围内，单维度信度同样令人满意。

表3—2　　　　　　　　　调查问卷信度检验

	浙江（Cronbach's α）	上海（Cronbach's α）	总问卷（Cronbach's α）
成本效益分析	0.940	0.956	0.935
实用性	0.894	0.866	0.882
支持保障	0.930	0.871	0.904
行为意向	0.939	0.865	0.927
总问卷信度	0.969	0.958	0.963

三 结果统计与分析

(一) 教师综合素质评价认同感的整体水平

浙沪两地教师对实施综合素质评价的整体认同水平较高。本书从成本效益分析、实用性、支持保障、行为意向四个维度，对浙江省和上海市不同年龄、职称和周课时的教师认同感进行了比较分析。从表3—3可以看出，整体而言，教师在四个维度上的认同感得分均高于理论平均值（3分）。另外，通过独立样本t检验分析可知，浙沪两地教师对综合素质评价认同感在各个维度上均无显著差异（>0.05），这说明浙沪两地教师对实施综合素质评价是持支持态度的。这一结论在相关的调查研究中同样得到印证，如有学者通过对上海市D中学教师的访谈后发现，有85.7%的教师对综合素质评价的意义和价值认同感较高。[①] 但从数值上来看，教师在四个维度上的得分略有差异，各分量表得分从高到低分别是行为意向、成本效益分析、实用性、支持保障。如在"行为意向"维度的"我赞同本校实施综合素质评价的工作安排"这一题项上，浙江教师的平均分值达到了3.49，上海教师的平均分值达到了3.74，这说明两地教师对实施综合素质评价具有较强的主观意愿和内在动机。但在"支持保障"维度，其平均值最低（为3.23），这说明在当前综合素质评价的实施进程中，教师对来自内外部的支持保障信心不足、顾虑重重。

表3—3　　　　　　　　　各维度教师认同感得分

	浙江（M±SD）	上海（M±SD）	两地总体认同感（M±SD）
成本效益分析	3.31±0.92	3.38±1.02	3.32±0.96

[①] 闵谷艳：《高中学生综合素质评价的理想与现实》，硕士学位论文，华东师范大学，2018年，第49页。

续表

	浙江（M±SD）	上海（M±SD）	两地总体认同感（M±SD）
实用性	3.29±0.93	3.38±0.85	3.31±0.91
支持保障	3.16±0.89	3.40±0.79	3.23±0.87
行为意向	3.34±0.91	3.59±0.83	3.41±0.88

注：M为平均得分，SD为标准差。

（二）低分题项分析

低分题项分析结果显示，教师在实施学生综合素质评价过程中遭遇诸多诘难和阻碍，如满足感的缺失、"落地"难度大以及反馈机制不健全等是症结所在。表3—4列出了各维度中得分平均值小于3.5的题项，以及在该项目上做出负面回答（分值为1—3分）的人数占比。可知，在"成本效益分析"维度，"获得满足感"一项的得分平均值仅为3.21，可见教师并未在此实施过程中获得足够的满足感。究其原因可能是多方面的，一是可能缘于开展综合素质评价活动过于繁重、复杂，使教师疲于应付；二是可能与外部所创设的实施环境缺失或不足有关，这一点可以从"相关政策创设了良好的实施环境"这一题项的得分平均值（为3.07）得到验证。在"实用性"维度，教师对综合素质评价的认同感相对较高，如在"教育理念反映我的教育观""评价方式符合我的学生评价观"题项得分依次为3.40、3.37，这反映了此次综合素质评价改革所确立下来的核心理念受到了被调研教师的认可与支持。但是，理念上的认同并不意味着其熟悉综合素质评价的操作程序和实施方式。调研发现，有近四分之一的教师认为综合素质评价难以在其课堂教学活动中得以实现，其不具备一定的可操作性，这反映了教师对如何将综合素质评价与日常的教学活动有机融合、相互促进这一改革行为的顾虑和困扰。

在"支持保障"维度，教师在"我可以在校务会议中提出疑虑"题项得分最低（为3.04），这说明基础学校在常态化实施学生综合素质评价过程中，一线教师缺少发声的机会与可能。实施学生综合素质评价对于教师而言，的确千头万绪，如果教师在实施过程中，不能对涌现出来的新问题或新矛盾提出相关的看法或建议，那么教师就可能会处于改革的对立面，拒绝或抗阻学生评价改革。

表3—4　　　　　　　　　　低分题项一览

归属维度	题项	平均值	占比（%）
成本效益分析	获得满足感	3.21	24.7
	发现和培育学生良好个性	3.43	17.7
	发展学生多方面潜能	3.36	20.3
	能够深入推进素质教育	3.25	24.1
实用性	教育理念反映我的教育观	3.40	16.5
	评价方式符合我的学生评价观	3.37	17.1
	评价方式可以在我的课堂教学中实现	3.17	23.4
支持保障	我可以在校务会议中提出疑虑	3.04	26.6
	我可以向有经验的同事请教	3.15	25.3
	我可以参加相关培训活动	3.35	18.4
	本校学生家长支持	3.14	26.6
行为意向	相关政策创设了良好的实施环境	3.07	30.0
	我将建议本校同事实施	3.34	17.7
	我将向同事指出实施的可行性	3.21	21.5

（三）教师综合素质评价认同感影响因素分析

1. 教师认同感的性别、学历、周课时差异分析

结果表明，教师认同感在性别、学历、周课时等因素上并不存在显著差异，这说明它们不是影响教师认同感的核心因素（见表3—5、表3—6与表3—7）。

表3—5 不同性别教师综合素质评价认同感在不同维度的差异

	男（$n=52$）	女（$n=102$）	t	p
成本效益分析（M±SD）	3.19±1.01	3.43±0.91	-1.505	0.134
实用性（M±SD）	3.17±0.97	3.41±0.85	-1.562	0.120
支持保障（M±SD）	3.17±0.76	3.33±0.87	-1.134	0.259
行为意向（M±SD）	3.25±0.88	3.53±0.85	-1.889	0.061

注：M为平均得分，SD为标准差。

表3—6 不同学历教师综合素质评价认同感在不同维度的差异

	Ⅰ本科（$n=128$）	Ⅱ硕士（$n=31$）	Ⅲ博士（$n=1$）	F	p
成本效益分析（M±SD）	3.34±0.94	3.20±1.10	4.00	0.563	0.571
实用性（M±SD）	3.28±0.90	3.41±0.95	3.33	0.258	0.773
支持保障（M±SD）	3.20±0.84	3.40±0.94	2.83	0.759	0.470
行为意向（M±SD）	3.36±0.88	3.57±0.90	3.00	0.724	0.487

注：M为平均得分，SD为标准差。

表3—7 不同周课时教师综合素质评价认同感在不同维度的差异

	Ⅰ每周0—9节（$n=44$）	Ⅱ每周10—15节（$n=95$）	Ⅲ每周16—20节（$n=13$）	F	p
成本效益分析（M±SD）	3.42±0.99	3.34±0.88	3.49±1.20	0.223	0.800
实用性（M±SD）	3.36±1.03	3.35±0.85	3.44±0.70	0.052	0.950
支持保障（M±SD）	3.25±0.92	3.24±0.83	3.69±0.56	1.651	0.195
行为意向（M±SD）	3.45±0.92	3.42±0.88	3.81±0.67	1.143	0.322

注：M为平均得分，SD为标准差。

2. 教师认同感的年龄差异分析

整体而言，年轻教师对实施综合素质评价的认同感高于年长教师。本书对不同年龄教师的综合素质评价认同感得分进行了单因素方差分析，结果表明，不同年龄教师感受到的"支持保障"和"行为意向"呈现显著性差异（$F_{(2,152)} = 4.123$，<0.05）、（$F_{(2,152)} = 0.024$，<0.05）。事后多重比较（LSD）结果显示，20—29岁、30—39岁年龄段教师感受到的支持保障力度比40—50岁年龄段教师相对较大（Ⅰ>Ⅲ，D=0.43，<0.05；Ⅱ>Ⅲ，D=0.36，<0.05），20—29岁年龄段教师在行为意向维度分值明显比40—50年龄段的教师高，这说明年轻教师有着更为强烈的动机和意愿来实施综合素质评价（Ⅰ>Ⅲ，D=0.51，<0.05）（见表3—8）。

表3—8　　不同年龄教师综合素质评价认同感在不同维度的差异

	Ⅰ 20—29岁 ($n=29$)	Ⅱ 30—39岁 ($n=54$)	Ⅲ 40—50岁 ($n=72$)	F	p	LSD
成本效益分析（M±SD）	3.55±0.97	3.38±1.05	3.20±0.89	1.516	0.223	
实用性（M±SD）	3.64±0.76	3.35±0.99	3.17±0.88	2.940	0.056	
支持保障（M±SD）	3.47±0.83	3.40±0.88	3.04±0.81	4.123	0.018	Ⅰ>Ⅲ，Ⅱ>Ⅲ
行为意向（M±SD）	3.75±0.86	3.49±0.94	3.24±0.83	3.825	0.024	Ⅰ>Ⅲ

注：M为平均得分，SD为标准差。

不同年龄教师对实施综合素质评价感受到的支持保障力度存在显著差异，究其原因，可能缘于年轻教师更易于接受新型的学生评价理念，以及具有较多的机会参与校内外培训有关。调研中发现，年轻教师对学生综合素质评价制度的认识和理解更为深刻与到位，并且，在相关教育行政部门以及学校组织的学生评价培训中，他们有更多的可能和机会参与其中，因而其感受到的支持保障力度较高也就在情理之中了。相反，年长教师由于先前多年的"唯分数"评价理念根深蒂固，进而接受新型学生评价理念的意识略显滞后，自然其对综合素质评价改革的适应能力相对较弱。

3. 教师认同感的职称差异分析

采用单因素方差分析，发现不同职称教师的综合素质评价认同感在"行为意向"维度存在显著差异（$F_{(3,150)}=3.718$，<0.01），而在其他维度则不存在显著差异，详见表3—9。事后多重比较（LSD）结果表明，中教二级教师对实施综合素质评价的行为意向高于中教一级教师（Ⅱ>Ⅲ，$D=0.53$，<0.05），未定级教师高于中教一级教师（Ⅰ>Ⅲ，$D=0.70$，<0.05）。

表3—9　不同职称教师综合素质评价认同感在不同维度的差异

	Ⅰ未定级 ($n=10$)	Ⅱ中教二级 ($n=29$)	Ⅲ中教一级 ($n=63$)	Ⅳ中教高级 ($n=55$)	F	p	LSD
成本效益分析 （M±SD）	3.75±0.71	3.45±1.13	3.30±0.86	3.29±0.98	0.816	0.487	
实用性 （M±SD）	3.53±0.77	3.48±0.97	3.21±0.80	3.29±1.01	0.807	0.492	
支持保障 （M±SD）	3.62±0.93	3.51±0.94	3.11±0.79	3.20±0.86	2.155	0.096	
行为意向 （M±SD）	3.88±0.84	3.71±0.95	3.17±0.80	3.46±0.88	3.718	0.013	Ⅰ>Ⅲ， Ⅱ>Ⅲ

注：M为平均得分，SD为标准差。

教师对实施综合素质评价的行为意向随着职称的晋升而降低，这可能与教师的职称评定压力有关。职称评定涉及教师的切身利益，对教师做好教学、科研和管理工作具有一定的导向性。低职称教师由于在社会认可度、薪资待遇等方面不及高职称教师，因而更期望通过学校所实施的学生综合素质评价改革"做事情""谋业绩"，从而获得更多的"文化资本"。因此，低职称教师对于实施综合素质评价有着更高的行为意向。

四 思考与建议

（一）综合素质评价制度的构筑需获致深度的"文化认同"①

综合素质评价制度"合法性"、合理性或正当性的确证需获得民众更广泛的文化认同才得以达成。在新制度主义学者斯科特（Scott）看来，"制度包括为社会生活提供稳定性和意义的规制性、规范性和文化—认知性要素，以及相关的活动与资源。"② 另外，他还进一步指出："制度的文化—认知性要素构成了关于社会实在的性质的共同理解，以及建构意义的认知框架。……文化—认知性制度概念强调了以社会为中介的共同意义框架，对于组织与行动者的建构具有十分重要的作用。"③ 也就是说，制度的建立与构筑，并非仅限于形成某种"正式"、刚性且具有强制力的"规章""条文""条例"或"规范"。同时，它还需要在民众主观认知层面获致更深层次的文化认同和价值观共识。更进一步而言，如果某种制度体系缺失了共同的认知结构达成以及文化层面上的意义建构，那么其遭遇"朝令夕改"或"流于形式"的命运也就在情理之中了。

综合素质评价的"落地"兼具创造性和复杂性，教师在其推行之初实则是一个"抵制"与"接受"并存的矛盾共同体。由于缺乏对这一新评价制度的充分了解和精准把握，教师的状态常表现为游离于政策的价值诉求之外，甚至阻碍、抗拒这一制度的实施。而追溯其矛盾根源，就在于教师未能建立起对于综合素质评价制度的深度"文化认同"。因此，在新时期，我们应从政策的顶层设计、制度的构成要素、评价的核心理念等诸多方面进行更为理性化、系

---

① 王宏伟：《高校招生中的综合素质评价研究》，博士学位论文，河南大学，2019年，第113页。

② ［美］W. 理查德·斯科特：《制度与组织：思想观念与物质利益（第3版）》，姚伟、王黎芳译，中国人民大学出版社2010年版，第56页。

③ ［美］W. 理查德·斯科特：《制度与组织：思想观念与物质利益（第3版）》，姚伟、王黎芳译，中国人民大学出版社2010年版，第65—67页。

统化、周全性的解读、阐释和澄清，从而增强教师对于综合素质评价理论指导体系与具体实施路径的深刻理解，这对于祛除构筑综合素质评价制度的阻隔和障碍，进而获致教师对于综合素质评价的主观认同与支持意愿无疑具有重要的推动作用。

（二）教师的学生综合素质评价素养亟待提升

当下教师评价素养难以满足新型学生综合素质评价范式的现实诉求。在我们看来，教师是学生评价的具体实践者，其评价素养的高低、优劣决定着综合素质评价制度效能的发挥、彰显和提升。在新高考改革语境下，我们所确立、构筑的新型学生综合素质评价制度重构了传统的学生评价模式，形成了全新的学生评价理念、思路与程序。因而，其对教师现有的评价技术和能力提出了更高的标准与诉求。然而，正如在调研中所发现的那样，有近四分之一的教师认为在教育教学活动中难以深度开展学生综合素质评价工作，如一些教师不知晓该如何对学生的成长过程进行科学分析和解读，不明晰该如何通过扎实有效的课程建设来合理规划评价活动的实施，以及不清楚该如何撰写学生的综合评语以反映与呈现学生的独特个性，等等。由此可见，正是教师评价素养的较低，导致"常态化"、校本化的学生综合素质评价实施往往停滞于表面或"形式主义"。

教师评价素养的培育、养成与提升是增强教师综合素质评价认同感的重要基础。首先，教育行政管理部门要做好评价制度体系和案例库建设，将教师评价素养纳入到教师专业化发展的体系与结构之中，可为教师量身构建"'评量人才养成工作坊'……通过了解国内外的评价经验与技术以及亲自参与评价实践来提升评价理论和实践素养"。[①] 其次，高中学校是教师评价素养发展的最直接、最主要场所，要为教师的评价活动营造一个以"育人"为导向的氛围和环境，以促使教师破除"以分数论英雄"的传统评价观桎梏，逐渐

---

① 张雨强、张志红：《我国台湾地区"评价人才养成工作坊"及其启示》，《课程·教材·教法》2010 年第 9 期。

树立新型的学生评价理念。同时，学校也要创造条件、提供资源以为教师提供各种专业支持，切实保障、加强规范、合理引导教师开展学生综合素质评价活动。最后，我国各级各类师范类高校应根据教育改革的趋势及时更新、适时调整未来教师培养计划，重新审视新时代教师的素养结构，增设有关教育评价的课程，以解决教师评价素养"先天不足"导致"后天畸形"的根源问题。

（三）精准化的教师分层分类培训需扎实推进

评价活动培训工作的粗放与无序阻碍了教师对综合素质评价的深度理解。调研发现，年轻教师比年长教师更易于接受综合素质评价理念，且年轻教师参加培训、外出学习甚至亲身参与其中的机会更多。可以看出，部分教师难以达成对综合素质评价制度的深度认同，并不能完全归因于其自身评价素养的缺失与不足，优质资源分配不均同样"难辞其咎"。除此之外，有学者指出，传统教师培训主要存在的问题有：培训目标不明确、培训内容针对性不强、培训方式和手段呆板单一。[①] 以此反观我国相关部门所开展的教师评价培训活动，亦存在此种流弊和困扰。在很大程度上，教师对于综合素质评价的研修看似"高屋建瓴"，实则"浅尝辄止"，难以深入其中。如此一来，由于教师难以深刻理解综合素质评价的意蕴内涵和价值诉求，故实施起来倍感力不从心也就"情有可原"了。

针对教师开展综合素质评价工作过程中所面临的困境和挑战，实施"分层""分类"的精准化培训策略乃明智之举。"分层"意在根据年轻、年长教师不同的学生评价素养水平，将其划分为初级水平、高级水平两个等级。对于初级水平、接受较慢的教师给予重点关注、扶持，进而从评价理念的深入剖析、评价理论知识的详细解说、评价技能的实际操作等方面加大培训力度。而对于接受较快、富有经验的教师应注重激发其深度学习的热情，促使其形成独

[①] 胡艳：《影响我国当前中小学教师培训质量的因素分析》，《教师教育研究》2004年第6期。

具个人特色的评价风格与评价艺术。"分类"即抛弃传统培训"一刀切"的陋习,以综合素质评价不同维度的内容作为划分依据,设计不同主题的素养评价培训,并基于每个维度所包含的观测点展开全面且深入的阐述和诠释,以期让教师看到"浮于海面的冰山之下所隐藏的无限奥秘"。

（四）实施综合素质评价的支持保障系统有待加强

建立成熟完善的综合素质评价支持保障系统是确保其有序实施的重要支撑。《教育部关于加强和改进普通高中学生综合素质评价的意见》强调指出："坚持常态化实施。综合素质评价由学校组织实施。学校要建立健全学生成长记录规章制度,明确本校综合素质评价的具体要求。"由此可见,国家对高中学校如何做好学生综合素质评价的科学化、常态化、规范化实施提出了明确要求与细化规定。然而,调研发现,由于受到诸多内外部因素的制约、牵制和羁绊,高中学校在此次学生评价制度变革中尚未做好充分的"物质与心理准备",其所获得的相关支持和保障措施亦处于"虚弱"与"贫乏"状态,从而使学生综合素质评价制度的真正"落地"充斥着浓重的未知和"不确定性"。因此,在新时期,为扎实推进学生综合素质评价的顺利实施,我们应积极协同、统整、集聚各方面的专业力量,进而建立一种多方联动的支持保障系统,并增强其功能的充分发挥和释放。

具体而言,首先,教育行政管理部门应进一步优化、完善实施综合素质评价的顶层设计,尤其要彰显高等学校在此次学生评价制度变革中的重要引领作用。"加强对学校,尤其是高校在招生录取中使用学生综合素质评价的指导和监督,确保综合素质评价办法在招生录取中的切实可行。"[1]调研发现,高中学校对高等学校招生"是否参考""如何参考"学生综合素质评价信息极为重视与关切。

---

[1] 辛涛、张世夷、贾瑜：《综合素质评价落地：困顿与突破》，《清华大学教育研究》2019年第2期。

因而，通过相关的制度设计和激励举措来有效驱动高校主动作为与理性应对，是深化考试招生制度改革的核心和关键。其次，高中学校要充分发挥自身的主观能动性，依据区域优势、办学风格、人才培养宗旨形成富有校本特色的学生综合素质评价方案，并凭借现代信息技术构建学生综合素质评价电子化管理平台，以实现评价程序的明晰化、评价操作的便捷化和评价结果的"可视化"。再者，社会各界应积极提供可以让学生参与志愿服务、公益劳动等校外活动的公共场所和实践基地，并如实、客观、详尽地记录学生的行为表现与创新性成果，以确保学生综合素质档案所记载信息的"有据可查""有凭可依"。最后，家长群体作为学生综合素质评价主体的重要构成，其角色定位应从"局外人"向"局内人"转变，积极破除"唯分数评价"对学生综合素质发展状况的狭隘判定或"等级式划分"，并着力于在日常生活世界中努力"发展和培养学生良好个性"，以促使学生的"自画像"更加丰满、充盈和生动，进而有助于高校选拔出最适合自身人才培养目标定位和专业培养特点的优秀人才。

第二节 教师对学生活动写实记录的解释路径

活动写实记录育人价值的充分发挥与彰显，除了确保其真实性、客观性之外，还需探寻对其适切、恰当的解释与分析路径，唯有如此，才能真正"发现和培育学生良好个性"以及"作为招生录取的参考"（《意见》）。然而，正如杨向东教授所指出的那样："评价者在对学生综合素质进行推断和解释时还有意和无意地夹杂了自身的已有知识或概念、偏见、价值观、意识形态等解释框架。如何整合来自学生不同方面的表现的证据以及如何处理不同评价者在评价过程中已有观念的影响，则是综合素质评价需要研究和解决的重要问题。"① 这一议题如此重要,事实上已成为阻碍学生综合素质评价结果有效使用的深层桎梏。依笔者浅见,我们对学生活动写实记录的分析与解释应遵循以下路径。

一 基于招生理念共识来构筑解释框架

按照美国学者汉森(Hanson)所提出的"理论渗透"(Theory Loaded)思想观点,"科学观察不单纯是视觉意义上的看。存在这样一种意义上的看,即:看是一桩渗透理论的事情。对 X 的观察是由关于 X 的先行知识构成的;用以表达知识的语言和记号也对观察产生影响;若无这些语言和记号,就没有可认作知识的东西。"② 也就是说,我们对外在客观事物的观察与解释并非"绝对中立"或"价值无涉",而总是"渗透着理论"的。这种"先行知识"或"概念图式"总是影响着我们对其的叙述、认知和判断。这也就回答了公众讨论综合素质评价过程中"为什么同一份活动写实记录,不同的评价主体会得出不同的解释和结论"议题,这主要缘于不同的评价主体所秉持的"语言记号"或所构筑的解释框架存在差异所致。那么,立足于新高考改革场域,高等学校在人才选拔时究竟要基于何种逻辑起点来形成更为有力、适切的解释框架,进而对活动写实记录做出更为专业、合理的解释呢?

在笔者看来,按照此次改革所确立的"谁使用谁评价"原则,高等学校在"参考使用"时,应基于自身独特的人才培养目标、办学定位以及招生理念共识来构筑分析与解释框架,诚如秦春华所言:"至于建立综合素质评价体系,那是大学招生机构的事情。大学自然会根据自身人才选拔和培养的需求与特点,通过完善的综合素质评价体系去解读这些记录背后蕴含的含义,从而做出录取与否

---

① 杨向东:《综合素质评价:中国特色的创新》,《基础教育课程》2011 年第 4 期。
② [美] N. R. 汉森:《发现的模式——对科学的概念基础的探究》,邢新力、周沛译,中国国际广播出版社 1988 年版,译者序。

的判断。"① 这种分析与解释框架所寻求的不仅仅是一种客观、严谨和公允，同时更是一种学生内在素质或优势潜质与自身人才培养战略的高度适切和匹配。以上海纽约大学为例，其通过校园日活动（如自由交谈、集体游戏、团队活动、即兴写作等），从不同角度考察评价学生的综合素质与该校培养目标和学习模式之间的适合度，这种解释框架即是建立在要招录"一批具有强烈的求知欲以及开拓精神、热爱尝试新事物、拥有'世界公民'素质的优秀学生"② 这一理念共识基础之上，进而实现了学校与学生双向间的了解、熟悉和选择。

二 关照"增值过程"进行"鉴赏式解读"

《深化新时代教育评价改革总体方案》明确指出，要"强化过程评价，探索增值评价"来提升评价的科学性、客观性和专业性，这为我们理性分析与解释学生活动写实记录提供了思考方向。所谓增值性评价（Value-added Assessment），即是指"评价学生在一段时间教育过程后的'成长'，以变化取代原来对学生在某一个特定时刻的状态的关注。……它不仅关注学习过程的最后产出，更看重学习过程所带来的增长"③。笔者认为，在基础教育阶段，学生随着其年龄、阅历、知识储备、认知水平等方面的不断增长与提升，其对外在世界的感知、理解和洞察也一定是不断变化的。倘若仍抱着一成不变的僵化思想观念来看待、审视一个青少年在成长过程中的无限可能性，也就难以真正揭开其"庐山真面目"。

艾斯纳（Eisner）针对传统教育评价过度推崇"量化抽象"或"统计取向"的倾向进行了严肃的批评，并提出了"教育批评与教

---

① 秦春华、林莉：《高考改革与综合素质评价》，《中国大学教学》2015年第7期。
② 吴小玮：《选拔"最适合"的优秀学生——来自上海纽约大学自主招生的启示》，《全球教育展望》2013年第12期。
③ 谈松华、黄晓婷：《我国教育评价现状与改进建议》，《中国教育学刊》2012年第1期。

育鉴赏"理论进行了回应与建构。在他看来,评价者应"做一个鉴赏家,就是知道如何审视、洞察以及欣赏",其所从事的是一项"撩开遮住视线的面纱"的艰巨工作。① 对于学生活动写实记录的分析与解释而言,亦是如此。这份记录是学生三年学习和社会实践生活的真实写照和蜕变印迹,每一个"关键事件"能够反映其鲜活、独特、极具生命力的发展成长过程。因此,我们要"通过行为记录、过程累积和发展变化来进行评价,每个人的起点有高低,我们要看到经过学习,学生的变化和成长,以此观察一个人的努力过程。用'绝对'结合'变化'来分析、理解一个人,才会更科学合理"②。清华附中凭借现代信息技术手段,构建了为学生提供全方面、多类型活动记录的"诚志"综合素质评价系统,通过对相关基础数据的分析、整合与解读,最终形成了能够反映学生独特个性和潜能优势的数字画像,这就为后续开展有针对性的学生生涯规划指导和专业选择提供了客观证据和有力参考,受到了社会认可和公众好评。

三 追溯"思想动机"给予"移情式理解"

如何解释和剖析人类的"社会行动",马克斯·韦伯(Max Weber)提出了"移情式理解"这一思想方法。在他看来,"社会学家们必须把他们自己放到他们所研究的人的位置,然后去阐释他们的思想和动机。"③ 唯有如此,才能更好地揭示人类互动行为中的社会意义。循证实践的支持者对此有着良好的感受力和认同度,如比斯塔(Biesta)等人认为,"教育研究者所面对的现象与观察的事

---

① [美]埃利奥特·W. 艾斯纳:《教育想象:学校课程设计与评价》,李雁冰等译,教育科学出版社 2008 年版,第 220—222 页。
② 王殿军:《记录促成长 功夫在"评"外——从过程行为看综合素质评价》,《中国教育报》2017 年 8 月 24 日。
③ [美]戴维·波普诺:《社会学》,李强等译,中国人民大学出版社 1999 年版,第 117 页。

实，其背后的内在机理往往带有不可回避的主观性……教育研究如果不深入行为背后的动机层面，就极有可能与真实的归因南辕北辙。"[1] 这一洞见对综合素质评价中活动写实记录的分析与解释路径提供了方法论启示。

事实上，学生对参与社会实践活动的选择以及种种外显的行为表现，其背后都隐含、潜藏着复杂、多样的内在动机。若只是观其"表"，而不析其"理"，那么，我们所做的分析与解释可能就是"差之千里"了。对此，柳夕浪指出，"只有借助行为，追寻被复杂的现象掩盖了的意向，进而发现蕴藏在行为背后心照不宣的预设假定、思维模式与'文化印记'，才能真正理解人的内在素质。"[2] 所以，我们对活动写实记录的解释应追溯其"思想动机"，并给予"移情式理解"，才能最终形成更具客观性、公信力和说服力的评价结论。如在一份活动写实记录中，某同学叙述了其"放弃"以主持人的身份参与学校"模拟联合国大会"。如果我们以此"事实"来判断或评价该同学的做法，可能会得出该生过于"胆怯"或存在"畏惧"心理。但在其随后的叙述中，我们发现，该同学之所以"放弃"，实则是其更希望他能与小伙伴们一起"组队"参加，争取"个个出镜""人人出彩"。无疑，该同学的"团队精神""集体意识"和"大局观念"更显难能可贵。总之，活动写实记录中存在的"被掩盖了的意向"或"思想动机"更值得我们关注和"移情式理解"。

四　根植"在地实践"做出情境化判断

目前学界对活动写实记录是否会产生评价的不公平议题颇多讨

---

[1] 杨婷：《当教育成为一种循证实践——兼与格特比斯塔等人对话》，《全球教育展望》2021年第7期。

[2] 柳夕浪：《学生综合素质评价：怎么看？怎么办？》，华东师范大学出版社2015年版，第96页。

论。有人认为，由于学生所处的外在条件差异，其所做的写实记录也会"高低立判"。如有的学生身处大城市，资源丰富而充沛，那么其活动记录也就很"高端"，进而更易受到审阅官的"关照"和青睐。而对那些贫困地区的孩子们而言，由于难以接触所谓"高端"的活动，故只能记录一些"土里土气""家长里短"等日常"低端"的故事，从而可能招致评价者的"蔑视"或"偏见"。事实上，这种看法是对专业化评价实践的一种误识或误解。

班图拉（Bandura）认为，对人行为的解释不能只是寻求"个体内部的力量"，因为"人既不完全受内部力量的驱使，也不完全受环境刺激的支配。它是用人的因素与环境因素双方连续不断的交互作用来解释心理机能的"。[①] 所以，对人行为的分析与解释不能禁锢或囿于实验室里，而是要放置于复杂、真实的社会情境之中。学生所处的校内外环境不是文化"孤岛"或"真空"，其外在行为以及基于此所形成的活动写实记录也并非"虚构"或"杜撰"，而恰恰是其主观意识、价值诉求、自觉选择等与外在情境互摄、联动、交融的客观呈现和符号表达。所以，这种解读与诠释，在本质上应是一种根植"在地实践"的真实性评价，是对学生置身复杂、特殊、具体实践场域之中的情境化判断。正如有学者所言，"他们看重的是在你所在的环境下，做你力所能及的事，你境界到了，认识到了，你做好了就行，并不是说大家要都做'高大上'的事。他们是把一个人放到他所处的学校、社会环境里去评价。"[②] 一个身处逆境、贫瘠环境下的孩子，却能通过自身的聪明才智和资源整合能力，取得高质量的业绩或成就，本身就表征了其鲜明的个性特质和卓越的综合素质。

---

① ［美］班图拉：《社会学习理论》，陈欣银、李伯黍译，辽宁人民出版社1989年版，第11页。
② 赖配根、王殿军：《成长记录的第一责任人是学生自己》，《人民教育》2015年第2期。

五 寻求证据支持达致"结构性确证"信度

此次综合素质评价改革的显著特点是要建立一套基于客观事实、强化证据支持的学生评价范式。长期以来，我们无论是对学生学业质量的评价，抑或是对教师专业素养的评价，大都是基于经验、单凭主观和印象的浅层判断，因而失之于客观、精准和公正，其常遭人诟病也就在情理之中了。因而，要提升对学生活动写实记录的解释效度，就需要寻求相关的证据支持。"评价者只有广泛收集学生学习活动过程中的证据，尽可能还原学习活动开展前、开展中和开展后的实施状况，评价过程及评定结论才能基于客观存在的事实而非猜测、虚构或幻想等，才可能公平、公正并让人信服。"①总之，基于证据支持的解释与分析才具有较高的客观性和说服力。

但是，需要特别指出的是，在评价中仅限于对证据的"广泛收集"还不能达到对事物的合理化解释，证据与证据之间还需建立起某种内在关联，进而形成逻辑自洽、结构完整的"证据链"，才具有合理性和合法性。对此，艾斯纳（Eisner）提出了"结构的确证性"概念。在他看来，所谓"'结构的确证性'是指收集资料和信息，并在它们之间建立联系，最终创造出一个被一些组成证据所支持的整体情境的过程。当证据之间彼此一致，情节成立，每一条都恰如其分、产生出意义并组成论据时，证据在结构上就是有确证性的"②。对于学生的活动写实记录而言，假如其在自我陈述部分介绍自己酷爱阅读古典著作，且对相关历史人物耳熟能详，但在相关材料的证明库或情境化面试中，却被发现其对相关内容并不熟悉或"答非所问"，这就呈现出了一种"结构上的不确证性"，因此，我们也就不宜再基于这些"证据"做出应有的专业判断。

---

① 姚林群、戴根元：《论基于证据的学业质量评价》，《全球教育展望》2016年第5期。
② ［美］埃利奥特·W. 艾斯纳：《教育想象：学校课程设计与评价》，李雁冰等译，教育科学出版社2008年版，第246页。

第三节　教师对学生撰写评语的内在逻辑

《教育部关于加强和改进普通高中学生综合素质评价的意见》指出，学生综合素质档案包括"教师在学生毕业时撰写的简要评语"，并且，"教师评语要客观、准确揭示每个学生的个性特点。"由此可见，在新高考改革语境下，国家对教师评语撰写提出了明确要求和细化规定，并将在高校的"精准选拔"战略中发挥重要参考作用。事实上，国外大学亦将教师评语（常常以"推荐信"形式呈现）纳入到招生"综合评价"体系内，"推荐信可以从不同的视角反映学生在学校的综合表现……大学希望通过对这些因素的评审，来推测学生作为一个社会人所具有的生活和实践经验，以及担当社会责任的意愿和具备的潜能"，[①]可见其重要性不言而喻。然而，实践调研发现，在校本化的学生综合素质评价实施中，诸多教师评语撰写陷入了一种模式化、空洞化、教条化的思维误区，失之于客观、具体与真实，进而难以发挥其应有的教育学价值和意义。鉴于此，本书拟对综合素质评价中教师评语撰写的内在逻辑做一厘定与澄清，以期匡正不当的理解和认识，进而提升教师评语的效能与质量。

一　"教育批评"：教师评语撰写的本质定位

在新高考改革语境下，教师评语旨在通过"对学生全面发展状况的观察、记录、分析"，来精准定位、深度描述学生的个性特点，以有助于学生全面认识自己、规划人生，积极主动地发展。因此，从某种程度上来说，教师"评语评价其实就是艾斯纳所说的'教育批评'，它要深刻揭示学生的个性特征与独特素质，要对学生的个

[①] 常桐善：《大学招生"综合评价"中审核学生课外活动参与程度的重要性》，《中国高等教育评论》2017 年第 1 期。

性和优势进行深度描述"①。然而，实践调研发现，部分教师在评语撰写过程中存在某种偏差与游离，即将教师评语写成了"判决书"，过于强调学生的缺点和不足，可以说是一种"负面评判"。无疑，这种评语撰写思路并不符合当前综合素质评价制度设计的核心理念与内在精神，同时，亦会严重挫伤学生的学习积极性，进而影响学生的自我定位和自主发展。

所谓"教育批评"，艾斯纳认为，"在艺术或教育中，有效的批评不是一种独立于知觉能力的行动。对精妙、复杂以及重要特质的感知，这种洞察能力是批评的第一必要条件。"②并且，"所谓的批评并不意味着否定性的估价，而是阐明某些事物的特质，以便于对该事物的价值作出估价。……但它也用于运动，用于研究评定，用于人类行为的评估。"③也就是说，在艾斯纳的教育评价观念里，"教育批评"是对被评价者内在"重要特质"、独特品格、发展潜能等的敏锐感识和深刻洞察，是对其"究竟是一位什么样的人"的一种理性预测和专业判断，依照艾斯纳所言，它是一种"揭露的艺术"。无疑，此概念非常契合我们对教师评语撰写的本质定位和内在理解。换言之，教师评语撰写需通过对学生外在行为表现以及相关真实性活动记录的观察、明辨和剖析，来客观呈现、深度揭示学生的个性特征、精神气质和优势智能。如此，高等学校在阅读教师评语时，才能迅速捕捉、寻觅到相关高价值信息，进而作出该学生是否与自身人才培养目标和专业培养特点高度匹配的科学决策。现结合案例3—1、案例3—2作一简要分析。④

---

① 罗祖兵：《欣赏性评价：综合素质评价的方法论选择》，《课程·教材·教法》2018年第1期。

② [美]埃利奥特·W.艾斯纳：《教育想象：学校课程设计与评价》，李雁冰等译，教育科学出版社2008年版，第222页。

③ [美]埃利奥特·W.艾斯纳：《教育想象：学校课程设计与评价》，李雁冰等译，教育科学出版社2008年版，第221页。

④ 除特别标注外，本书中的案例均来源于实践调研，略有删改，特此指出。

案例3—1　教师评语（节选）

你是一个具有浓郁文学气息的男孩，拥有独特的个性，喜欢阅读文学作品，尤其是法国文学作品。并且在文学创作比赛上充分展示了这方面的才华，获得了文学创作比赛第一名。正是因为你喜欢文学，才造就了你如今卓越的写作技能，你一定能够在适当的地方发光发热。……

◇ 评析

此案例比较符合我们对教师评语撰写的定位、理解与想象。这主要是因为，该评语并非"面面俱到"，而是重点揭示了学生的独特个性和优势素质所在。例如，评语中的这些叙述性语言"浓郁文学气息""独特的个性""喜欢阅读文学作品"以及在文学才华上的证明（比赛第一名）等，较为客观地呈现了该学生"卓越的写作技能"这类个性品质和优势智能，勾勒、描摹出了学生的真实"画像"。

案例3—2　教师评语（节选）

"你是一个很有艺术气息的女孩，想象力丰富，在板报、班徽、艺术节上都充分展示了这方面的才华，为班级带来了荣誉。聪明是你的本钱，但你一定要把它用到合适的地方。严格要求自己，努力进取，做一个自信的女孩，期待新学期你能翻开新的一页。"

——摘自杜芳硕士学位论文《学生评语在高中学生综合素质评价中的应用研究》

◇ 评析

上述教师评语中虽未直接阐述该学生成绩多优异，但是该教师用简洁客观的语言将学生在艺术方面的潜能和优势充分地表现出来,并列举相关事实予以佐证。由此可见,教师评语其目的不在于表明学生的学习成绩有多优秀,而在于如何通过朴实的语言来彰显学生的个性与优势。

也就是说,上述案例祛除了传统评语撰写"千人一面""中规中矩"的流弊与不足,而是主题鲜明,突出了学生的个性特长,彰显了学生的专业优势,可为评价者更为全面地了解、洞察该学生的"素质结构"提供宝贵素材和有益参照。而此亦是"教育批评"理念最深层次的意蕴与价值诉求所在。

二 多主体"结构性确证":教师评语撰写的内在机制

教师评语作为高校人才选拔的重要参考,其真实性、可靠性和公信力,关乎学生的切身利益与未来发展。因此,在新高考改革语境下,需进一步规范、厘清教师评语形成的内在机制与基本程序。调研发现,部分教师对评语撰写颇有"微词"与"不满"。其中一位班主任谈道,班内所有学生的毕业评语完全凭自身对学生的粗略了解和模糊印象"独立完成",严重缺乏与其他科任教师、学生、家长的沟通、协商和对话,致使评语撰写过程的"专制化"色彩浓厚,进而降低了教师评语的信度与效度。

教师评语撰写具有建构性、交互性、协商性、生成性的逻辑与品质,它需要充分汲取其他利益相关者的评价意见,并形成多元主体观点互相印证、彼此支撑的普遍共识,以形成一种"结构性确证"。所谓"'结构的确证性'是指收集资料和信息,并在它们之间建立联系,最终创造出一个被一些组成证据所支持的整体情境的过程。当证据之间彼此一致、情节成立,每一条都恰如其分、产生出意义并组成论据时,证据在结构上就是有确证性的。"[①] 也就是说,在我们开展评价时,要高度重视所收集信息之间的互证性、一

---

① [美]埃利奥特·W. 艾斯纳:《教育想象:学校课程设计与评价》,李雁冰等译,教育科学出版社2008年版,第246页。

致性和逻辑自洽性，彼此不能相互矛盾或冲突，并能构成完整严谨的"证据链"，那么我们可以说这些信息或证据在结构上具有确证性。此外，虽然此概念的运用是在法理学中发明的，但是"结构的确证性过程，不是用于特殊情境中、审判室中和教育批评中的一些舶来品，而是普遍存在于我们的日常生活中。我们都用这类程序对他人作出判断，识别他们对我们是弄虚作假还是真诚的……"[①] 因此，将多主体"结构性确证"作为教师评语撰写的内在机制与准则，有其内在的合法性、合理性和适切性。所以，教师评语撰写并非个人"闭门造车"、主观编撰，而是"需要听取学生本人、同学、任课教师、家长等相关人员的意见，采用共同建构的方式形成一个较为真实、客观的评语"[②]。唯有如此，教师评语才具有客观性、说服力和公信力。

事实上，这一"结构性确证"理念同样可以运用于高校的其他人才选拔环节。如高校在进行"综合评价"招生时，招生人员可审阅学生综合素质档案中所提交的社会实践活动与教师的推荐信、学生的自我陈述报告等相关材料之间，是否具有"确证性"、连贯性和一致性。如果彼此一致，则可视为具备了"结构性确证"。相反，如果相关材料、证据相互矛盾和冲突，则可启动招生委员会的审查程序，并对学生的整体发展情况进行再评价和再判断。

三 基于客观事例：教师评语撰写的"证据"凭依

如何撰写一份内容丰富、资料翔实且证据确凿，并能让高等学校可信可用的评语材料，一直是困扰教师的焦点议题之一。长期以

---

① ［美］埃利奥特·W. 艾斯纳：《教育想象：学校课程设计与评价》，李雁冰等译，教育科学出版社2008年版，第246页。

② 邢利红：《学生综合素质评价背景下的高中班主任评语构建》，《现代中小学教育》2017年第6期。

来，诸多教师对评语的撰写或长于"无原则抒情式的赞美"，或是较多凭依自己的外在感受、经验印象进行撰写，从而造成评语的主观性、随意性较大，难以让人信服和认可。

此次综合素质评价改革高度强调了学生做好活动写实记录，并注重收集、整理、遴选相关事实性材料的极端重要性。究其制度设计的"初心"，其实质就是要构建一种基于"证据"取向的评价模式，即强化事实判断，而非"主观随意"。自然，对于教师评语撰写的基本原则与规范而言，亦不例外。这是因为"只有基于证据的评语才是客观的、可信的"[1]。因而，对于教师来说，学生在校学习期间的课程修习状况、参与活动中的典型性行为表现以及在此过程中所获得的代表性作品和奖励等，均应成为其评语撰写的重要参考或凭依。现结合案例3—3作一简要分析。

案例3—3 高三结束时的教师评语（节选）

2011年，她从全国数千万高二学生中脱颖而出，获得南京大学110周年"诺贝尔之约"的邀请，与五位诺贝尔获奖者面对面地探讨中国为何诞生不了诺贝尔奖，是否是我们用人才培养代替了人的教育？

她还热爱交响乐，在演讲中，她给其他学生介绍了各种各样的名曲，回顾了维也纳金色大厅中所发生的音乐故事，让学生乐不可支。她常常一个人背着包在假期旅游，她选择的不是热闹的景点，而是落寞的文化。她认为没有故事的人生不值得一过，没有音乐和文化的人生简直生不如死。

她和她爸爸都喜欢从事手工劳动，她们家的椅子和凳子都是她和爸爸手工制作的。她告诉我，在劳动的过程中，人会接触到自然，也更加靠近自己。她甚至感慨今天的学生究竟怎么

---

[1] 柳夕浪：《学生综合素质评价：怎么看？怎么办？》，华东师范大学出版社2016年版，第120页。

了，为什么把劳动丢到了九霄云外。

　　她原先的字写得并不好看，我就告诉她，有一天你申请梦想中的北大，自荐信一定要手写。从此，她努力练字，每天坚持，让班主任圈点过关的字。她是一个女孩子，但她身上有着男孩子也少见的执着大气。

　　——摘自河南大学综合素质评价项目"普通高中学生综合素质评价实施指南"，2014年12月，略有删减

　　在我们看来，这是一份基于客观事例、有血有肉、具有较高参考价值的教师评语。该案例从学生热爱读书、参加"诺贝尔之约"、报告厅演讲、手工制作等具体、真实、客观的事例入手，对学生的独特个性、阅读素养、艺术特长、兴趣爱好、劳动素质等方面进行了重点介绍和深度描述。同时，该评语规避了简单、抽象的评价误区，而是列举了具体的行为表现作为佐证。如该评语详细描述了学生的提问情况，对此情境的事实陈述彰显了学生对相关问题的深度思考与独特想法。无疑，基于客观事例来撰写教师评语，能够使评语内容有据可查，有证可依，避免言过其实或有意贬低，进而增强其真实性和说服力。事实上，在美国，那些经过培训和修饰过的教师评语或推荐信并不利于录取，他们强调教师评语的真实性，不需要过度修饰。[1] 总之，教师应"根据学生优秀的作品、突出的事迹、获奖情况、实践活动、个性特长等真实情况……最终通过评语展现一个鲜活的、具体的、区别于他人的鲜活学生形象，避免学生评语'千篇一律''泛泛而谈'造成千人一面的现象"[2]。

---

[1] 罗祖兵:《美国高中生综合素质评价及其启示》，《河北师范大学学报》（教育科学版）2019年第3期。

[2] 陈娟:《综合素质评价背景下高中教师的评价素养研究》，硕士学位论文，河南大学，2018年，第37页。

四 具象性语言：教师评语撰写的符号载体

教师评语撰写所使用的语言，是学生个性特点、内在潜质呈现的重要符号载体和媒介。在新高考改革语境下，究竟使用什么样的语言形式，成为困扰一线教师开展综合素质评价的议题之一。长期以来，受传统教育教学思想的禁锢与束缚，"班主任给学生写评语大都是例行公事似的用一些干瘪、乏味、抽象、冷漠、公式化的语言，去写一些大致相同的、模式化的评语。"[①] 如该生"热爱祖国""团结同学""认真勤奋""成绩优异""勤劳务实""品行端正"等。无疑，此类语言呈现陷入了一种抽象化、模式化、程序化、教条化的误区与窠臼，难以展现学生鲜明的个性特点与优势智能，致使教师评语"千人一面"。对于高校招生人员来说，此类评语因缺乏一定的辨识性、个性化和区分度，往往得不到应有的重视和青睐。

为破除抽象化、模式化、"脸谱化"语言对学生个性特点的遮蔽与掩盖，在我们看来，教师评语撰写可采用更具有具象性、叙事性或指向性更明确的语言形式，以此来描述、勾勒学生与众不同的特质与面貌。"具象性"起初来源于艺术领域，"在西方，具象艺术也就被称作写实艺术，是一种主体服从客体的艺术，即对视觉现实的模仿和对自然的记录；同时其写实标准非常严格……如利用焦点透视、人体解剖、明暗投影、色彩原理、空气远近法等方法达到某种物象的最真实状态，因此其具象性不言而喻"。[②] 也就是说，所谓"具象性"即是要通过多种方法再现事物本质，并使其贴近事物最真实的样态。因而，笔者在本书中所述的"具象性语言"，其实也可视为是一种"写实性语言"或"叙事性语言"，即教师需基于

---

① 刘济良、曹晶：《论班主任评语的温馨化》，《中国教育学刊》2003 年第 5 期。
② 胡莎莎：《具象性与抽象性的融合——吴冠中绘画艺术研究》，硕士学位论文，湘潭大学，2013 年，第 1 页。

对学生诸多典型性外在行为表现的记录、洞察与明辨，来深度挖掘、客观揭示学生最真实的个性特征、优势智能与专业性向。无疑，这种更真实、更具体、更有针对性的语言形式，会让阅读者产生对描述对象的联想与构建，进而形成真实画像。总之，教师评语撰写要根据学生的年龄特征和心理特点，抓住每一个学生的兴趣、爱好、闪光点、关键表现，用精准性、适切性、写实性的语言进行有针对性的评价，并写出学生的个性、优势和潜质，[①] 以利于高等学校作出更为精准、理性、客观的专业判断与选择。

第四节 教师评价素养的影响因素及提升策略

《深化新时代教育评价改革总体方案》明确指出，要"加强教师教育评价能力建设，支持有条件的高校设立教育评价、教育测量等相关学科专业，培养教育评价专门人才"。教育部等六部门印发《义务教育质量评价指南》，进一步强调教师作为教育质量评价队伍中的一员，其"在教育法律法规和政策、教育教学、学校管理、督导评价等方面应具有较高理论素养、专业能力和丰富经验"。可见，在新时期，国家相关政策文件的出台对教师评价素养提出了新的诉求与期待。评价素养作为教师专业能力结构的重要构成，其培育及专业化提升已成为当前我国深化教育评价改革的焦点论域和核心议题。正如有学者所指出的那样，教师评价能力的提升是教育评价改革的关键，需要认真研究和提高教师教育评价能力。[②] 然而，研究发现，如何基于客观证据开展科学、专业、有效的教育评价实践，对广大中学教师来说，仍面临着巨大的困扰与挑战。同时，到底哪些潜在因素影响着教师评价素养水平仍是一个未知的"黑箱"，有

[①] 安艳：《学生操行评语的理论基础及实践操作》，《教育科学研究》2006年第7期。
[②] 倪闽景：《教师评价能力的提升是教育评价改革的关键》，《教育家》2021年第4期。

待做进一步的探寻和澄清。基于此,本书尝试通过构建中学教师评价素养影响因素的结构方程模型,深入挖掘影响中学教师评价素养的主要因素,并给出些许提升路径建议,期冀能为我国中学教师的专业化发展以及队伍建设提供智力支持和有益参考。

一 相关文献回顾

教师评价素养是指"教师所拥有的关于评价活动诸领域的知识、技能、能力和相关的理念"。[1] 它不仅与教师自身的教学效能感[2]、教育教学实践[3]等方面密切相关,而且还会对学生的学习成绩、参与度和自我成就感产生潜移默化的影响。[4] 毋庸置疑,教师具有较高水平的评价素养,其重要性已是广泛共识。但研究发现,当前部分教师可能存在评价素养低下问题[5],较多教师在正式评价中并没有充分准备[6],而更多依据在职经验实施评价。[7] 不仅如此,部分教师甚至难以利用评价结果进一步改进教学。[8] 那么,究竟是哪些因素影响了教师的评价素养?

纵观已有研究,对于影响教师评价素养发展的因素可分为外部

---

[1] 王少非:《教育评价范式转换中的教师评价素养框架》,《教师教育研究》2009 年第 2 期。

[2] Wang H., Sun W., Zhou Y., Li T. and Zhou P., "Teachers' assessment literacy improves teaching efficacy: A view from conservation of resources theory", *Front. Psychol*, No. 13, 2022.

[3] 盛雅琦、张辉蓉:《新时代教师评价素养的内涵解构、价值意蕴及测评框架》,《课程·教材·教法》2022 年第 5 期。

[4] Pfeiffer-Hoens M., *An Investigation of Charter Schools' School Leader and Teacher Level of Assessment Literacy*, Middle Tennessee State University, 2017.

[5] Erik Bijsterbosch et al., "Teacher Professional Growth on Assessment Literacy: A Case Study of Prevocational Geography Education in the Netherlands", *The Teacher Educator*, Vol. 54, No. 4, 2019.

[6] Christopher DeLuca, Sandra Johnson, "Developing assessment capable teachers in this age of accountability", *Assessment in Education: Principles, Policy & Practice*, No. 2, 2017.

[7] Vogt, Tsagari, "Assessment Literacy of Foreign Language Teachers: Findings of a European Study", *Language Assessment Quarterly*, No. 4, 2014.

[8] Ricky Lam, "Teacher assessment literacy: Surveying knowledge, conceptions and practices of classroom-based writing assessment in Hong Kong", *System*, No. 81, 2019.

与内部两类。就外部因素而言，先后有学者探究了学校培训、外部评价、学业评价政策和地区差异等因素对教师评价素养的影响。就学校培训实施方面而言，Fan 等人发现，参加过培训的教师与未参加过培训的教师相比，他们对评价知识的掌握更加全面，评价能力也更强。① 陈玉华等人的研究发现，学业"考评"制度（如中考、高考）不利于教师评价素养的培养和提升。② 郑东辉在研究中指出，建立和执行权力分享的评价政策对教师评价素养的培育与提升具有重要导向作用。③ Mansouri 等人的研究也证实了这一点，他们认为学校评价政策限制了教师实施评价工作的自主性。④ 赵士果通过对上海市 1032 名教师的调查发现，相较于其他地区，处在中心城区的教师评价素养水平整体偏高。⑤ 以上研究对于我们理解影响教师评价素养的"外部动因"奠定了良好基础。

除外部因素外，教师自身的内部因素也是影响其评价素养发展的关键变量，主要包括教师学历层次、专业背景、专业意识和评价观念等方面。如郑东辉通过分析中小学教师评价素养的现状，发现本科学历的教师在评价素养上的得分显著高于专科及以下学历。⑥ 蒙岚以广西壮族自治区 260 位教师为对象进行调查，结果发现非师范类专业背景的教师在评价意识方面明显低于师范类专业的教师。⑦

---

① Fan Y. C., Wang T. H., Wang K. H., "A Web-based Model for Developing Assessment Literacy of Secondary In-service Teachers", *Computers & Education*, No. 2, 2011.

② 陈玉华、咸富莲：《中小学教师评价素养现状调查与分析——以宁夏回族自治区 7 个样本市（县）为例》，《教学与管理》2011 年第 27 期。

③ 郑东辉：《发展教师评价素养：学业评价政策的视角》，《上海教育科研》2013 年第 2 期。

④ Mansouri Behzad, Molana Khazar, Nazari Mostafa, "The Interconnection between Second Language Teachers' Language Assessment Literacy and Professional Agency: The Mediating Role of Institutional Policies", *System*, No. 103, 2021.

⑤ 赵士果：《小学教师课堂评价素养的现状研究——基于上海市 Y 区 1032 名小学教师的调查与分析》，《上海教育科研》2020 年第 8 期。

⑥ 郑东辉：《中小学教师评价素养状况：来自 Z 省的报告》，《全球教育展望》2010 年第 2 期。

⑦ 蒙岚：《大学英语教师评价素养的影响因素分析》，《社会科学家》2018 年第 2 期。

就专业意识方面来说，张瑞等人基于"嵌入式"发展的语境强调，教师的专业意识是影响其评价素养发展的关键因素之一。[1] 李苗苗在研究中指出，教师评价素养水平不高是由于缺乏自我学习和自我提升的专业意识导致的。[2] 就评价观念来说，Brown 等人的研究调查了 566 名中小学教师的评价观念，发现教师对评价目的的理解直接关系课堂评价的实施成效。[3]

从目前已有文献来看，关于教师评价素养的研究成果较为丰硕，但亦存在些许不足与缺陷。第一，已有研究较多关注人口学变量或某一维度与教师评价素养的联系，较少综合分析学校氛围、教师专业和教师人格与其评价素养的内在机制，缺乏对教师评价素养影响因素的系统全面把握。第二，有关影响因素的研究大都采用多元线性回归分析，研究方法较为单一，且难以深入探究不同因素的影响程度和复杂关系。结构方程模型（SEM）属于多变量统计分析方法，具有同时处理多个观测变量和潜在变量的优势，能够有效弥补传统线性方法处理数据的不足。为此，本书采用结构方程模型对不同地区中学教师评价素养进行实证研究，并深入分析学校氛围、教师专业、教师人格因素对教师评价素养的作用机制。

二　研究设计

（一）研究框架

本书基于国外学者设计的教师评价素养整体模型编制了包含

---

[1] 张瑞、覃千钟：《从"脱嵌"到"嵌入"：乡村教师评价素养发展的实践转向》，《教育理论与实践》2021 年第 2 期。

[2] 李苗苗：《教学评一致性实践中的小学教师评价素养现状与提升策略研究》，硕士学位论文，曲阜师范大学，2022 年，第 1 页。

[3] Brown G., Remesal A., "Teachers' Conceptions of Assessment: Comparing Two Inventories with Ecuadorian Teachers", *Studies in Educational Evaluation*, No. 55, 2017.

"评价设计、评价标准、学生参与、明确目标和结果交流"[1] 五个维度的教师评价素养结构框架，以考查中学教师评价素养的综合水平。在此基础上，探析学校氛围、教师专业与教师人格因素对教师评价素养的影响程度。具体而言，学校氛围因素设置了培训时长和评价环境两个变量，教师专业因素设置了职业价值观和角色价值观两个变量，教师人格因素设置了心理资本、教学效能感和社会情绪能力三个变量。研究框架如图3—1所示。

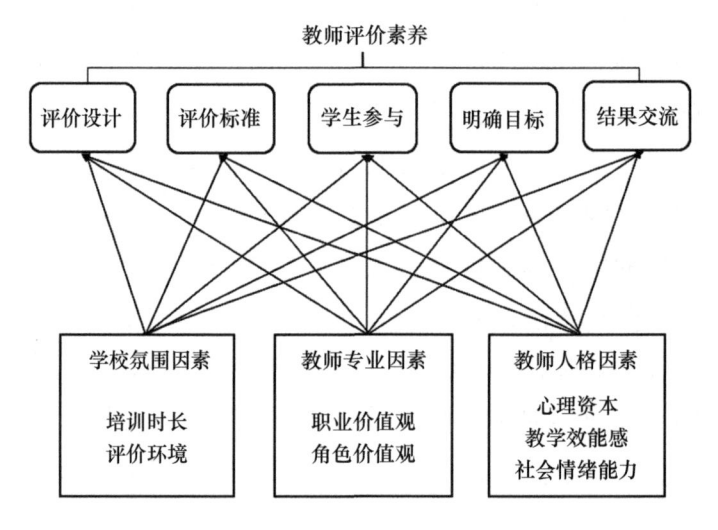

图3—1 教师评价素养各维度及其影响因素

（二）研究工具

调查问卷共由四部分组成。第一部分涉及中学教师的基本信息，包含性别、学历、教龄、职称和地区来源等人口学特征。第二部分是选择性问题，共设计22道单项选择题（每题1分，共22分），涵盖评价认知、评价方法选择以及评价结果使用等内容。第三部分采用李克特5级量表，主要调查教师开展评价工作的态度和

---

[1] Hudson M. E., *Examining the Relationship between Selected Grade 3 - 12 Teachers' Perceived Assessment Literacy and Their Classroom Assessment Practices*, Old Dominion University, 2017, pp. 12 - 15.

频率。第四部分从学校氛围、教师专业和教师人格三个方面探寻教师评价素养的影响因素。主要变量与测量方法见表3—10。

表3—10　　　　　　　　主要变量与测量方法

类型	变量	测量方法
因变量	教师评价素养	包括评价设计、评价标准、学生参与、明确目标和结果交流五个维度，共33题，五级量表
自变量	性别	男=1；女=2
	学历	大专及以下=1；本科=2；硕士及以上=3
	教龄	3年及以下=1；4—10年=2；11—20年=3；20年以上=4
	职称	未定级=1；中教二级=2；中教一级=3；中教高级=4
	地区来源	省会城市/直辖市=1；地级市=2；县级市=3；农村=4
	学校氛围	分为培训时长和评价环境两个维度，五级量表
	教师专业	分为职业价值观和角色价值观两个维度，五级量表
	教师人格	分为心理资本、教学效能感和社会情绪能力三个维度，五级量表

（三）研究对象

本书采用整群抽样和方便抽样相结合的方法，选取来自H省3个地级市的在职中学教师作为调查对象。共发放纸质问卷500份，回收有效问卷468份，有效回收率为93.60%。其中，男教师105人（22.40%），女教师363人（77.60%）；教龄3年及以下99人（21.20%），4—10年176人（37.60%），11—20年124人（26.50%），20年以上69人（14.70%）；大专及以下学历6人（1.30%），本科学历335人（71.60%），硕士及以上学历127人（27.10%）；省会或直辖市教师325人（69.50%），地级市教师98人（20.90%），县级市教师36人（7.70%），农村教师9人（1.90%）。

三　研究结果分析

（一）中学教师评价素养的总体情况

为了具体评估中学教师评价素养的总体发展水平，采用描述性分析法进行测量计算。通过统计分析教师在评价素养测试题上的总得分、不同分数段教师人数的占比以及在评价素养量表上每个维度的得分均值,整体把握中学教师评价素养的发展状况。

由图3—2可知,测试分数在11—15分的教师人数最多,在15分以上的教师人数明显低于15分以下,说明教师评价素养测试整体通过率较低。在总分22分的测试题中,中学教师评价素养测试成绩的最终平均得分仅为11.55分,根据这一结果可以看出,中学教师的评价素养不容乐观,整体水平普遍偏低。这意味着当前中学教师对评价的认知尚不清晰,评价知识的储备和技能的掌握有待加强,甚至难以准确根据不同的教学环境与教学目的选择恰当的评价方式,进而影响学生评价工作的有序开展。

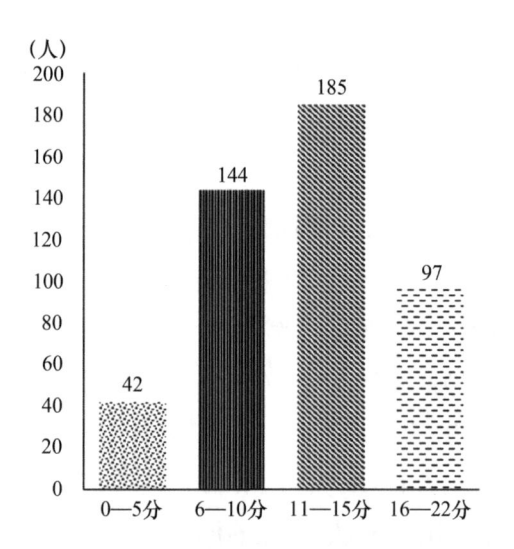

图3—2 中学教师评价素养得分分布

如表3—11所示,中学教师评价素养五个维度的均值都低于4,其中"评价设计"的平均值最高,"学生参与"的平均值最低。中学教师评价素养的整体均值为3.82,距离能够妥善开展评价工作的理想状态仍有一定差距,进一步表明当前中学教师评价素养整体水平较低。

表3—11 中学教师评价素养及其各维度的描述性统计（N=468）

维度	平均值	标准差
评价设计	3.96	0.55
评价标准	3.94	0.54
学生参与	3.87	0.50
明确目标	3.94	0.53
结果交流	3.88	0.54
教师评价素养	3.82	0.45

（二）中学教师评价素养的差异分析

以教师性别、学历和地区来源为分组变量，运用独立样本 t 检验和单因素方差分析进行差异检验，结果如表3—12所示。

表3—12 人口学特征在中学教师评价素养上的差异检验

变量		评价设计		评价标准		学生参与		明确目标		结果交流		教师评价素养	
		M	SD	M	SD	M	SD	M	SD	M	SD	M	SD
性别	男	3.88	0.58	3.87	0.55	3.84	0.49	3.86	0.55	3.86	0.58	3.74	0.44
	女	3.99	0.54	3.96	0.53	3.88	0.50	3.96	0.52	3.88	0.53	3.84	0.45
	t	−1.87		−1.55		−0.63		−1.81		−0.44		−2.01**	
学历	a大专及以下	3.40	0.72	3.50	0.82	3.14	0.71	3.47	0.75	3.3	0.84	3.41	0.84
	b本科	3.99	0.55	3.96	0.54	3.89	0.50	3.97	0.54	3.90	0.54	3.90	0.54
	c硕士及以上	3.94	0.52	3.90	0.51	3.85	0.44	3.90	0.48	3.84	0.51	3.84	0.51
	F	3.61**		2.79		7.01**		3.22**		4.13**		2.72	
	LSD	b>c>a				b>c>a		b>c>a		b>c>a			

续表

变量		评价设计		评价标准		学生参与		明确目标		结果交流		教师评价素养	
		M	SD	M	SD	M	SD	M	SD	M	SD	M	SD
地区来源	a 省会城市	3.99	0.55	3.97	0.53	3.9	0.47	3.97	0.51	3.89	0.54	3.85	0.44
	b 地级市	3.95	0.49	3.95	0.51	3.87	0.48	3.93	0.51	3.92	0.52	3.79	0.42
	c 县级市	3.81	0.65	3.71	0.65	3.65	0.64	3.78	0.67	3.73	0.61	3.62	0.56
	d 农村	3.73	0.67	3.77	0.64	3.68	0.66	3.78	0.73	3.67	0.66	3.58	0.52
F		1.85		2.85**		3.14**		1.70		1.56		4.01**	
LSD				a>b>d>c		a>b>d>c						a>b>d>c	

注：* 代表 $p<0.05$，** 代表 $p<0.01$，*** 代表 $p<0.001$，下同。

在性别方面，女性教师的整体评价素养显著高于男性教师。在学历方面，大专及以下、本科和硕士及以上的中学教师在除评价标准之外的四个维度上差异均显著（$p<0.01$）。在地区来源方面，不同工作地区的中学教师在评价标准和学生参与两个维度上的差异均达到了显著性水平（$p<0.01$）。根据事后多重检验结果（LSD）可以看出，本科学历的中学教师在评价素养上的得分显著高于其他学历，且大专及以下学历的中学教师得分最低。省会城市的中学教师在评价标准、学生参与以及整体评价素养上的得分显著高于其他地区，且县级市中学教师得分最低。

（三）中学教师评价素养的影响因素模型检验

1. 信效度检验

通过对量表进行整理归纳，并依据研究目的对其进行信效度检验分析。在信度检验方面，一般采用克隆巴赫（Cronbach's Alpha）系数进行测量。数据结果显示，学校氛围、教师专业和教师人格的信度值均在 0.70 以上，说明问卷具有较高的内部一致性。在效度检验方面,各个潜变量对应题目的因子荷载均大于 0.65,最大值为 0.96,最小值为 0.69,说明各个潜变量对应的所属题目具有一定的代表性。各个潜变量的组合信度均大于 0.50,结构方程模型的平均方差变异量均大于 0.65,说明收敛效度明显。结果如表 3—13 所示。

表 3—13　　　　　　　　结构方程模型的信效度检验

影响因素		克隆巴赫系数	效应值	组合信度	平均方差变异量
学校氛围	培训时长	0.72	0.69	0.51	0.68
	评价环境	0.77	0.73		
教师专业	角色价值观	0.89	0.93	0.89	0.94
	职业价值观	0.92	0.96		
教师人格	心理资本	0.96	0.91	0.81	0.93
	教学效能感	0.94	0.89		
	社会情绪能力	0.96	0.90		

2. 结构方程模型适配度检验与路径分析

通过使用 AMOS 26.0 对中学教师评价素养影响因素结构方程模型进行路径分析,研究表明教师评价素养整体模型适配良好(χ^2/df = 1.91,RMSEA = 0.04,NFI = 0.99,IFI = 0.99,TLI = 0.99)。数据结果显示,学校氛围因素、教师专业因素和教师人格因素对教师评价素养的影响效应均达到了显著性水平。具体来看,培训时长(0.09)、职业价值观(0.31)、角色价值观(-0.13)、心理资本(0.16)和社会情绪能力(0.30)对教师评价素养的发展具有显著影响。评价环境和教学效能感无法直接对教师评价素养产生影响,而是分别通过职业价值观和心理资本间接影响教师评价素养,其间接效应依次为 0.19 和 0.14。结果如表 3—14 所示。

表3—14　　　　　　　结构方程模型的路径分析结果

路径	路径系数	检验结果
培训时长→教师评价素养	0.09	成立
评价环境→教师评价素养	0.07	不成立
职业价值观→教师评价素养	0.31	成立
角色价值观→教师评价素养	-0.13	成立
心理资本→教师评价素养	0.16	成立
教学效能感→教师评价素养	0.08	不成立
社会情绪能力→教师评价素养	0.30	成立
评价环境→职业价值观	0.58	成立
教学效能感→心理资本	0.86	成立
评价环境→职业价值观→教师评价素养	0.19	成立
教学效能感→心理资本→教师评价素养	0.14	成立

3. 中学教师评价素养影响因素结构方程模型分析

根据检验结果可知，学校氛围、教师专业和教师人格对教师评价素养均具有显著影响，最终形成了如图3—3所示的教师评价素

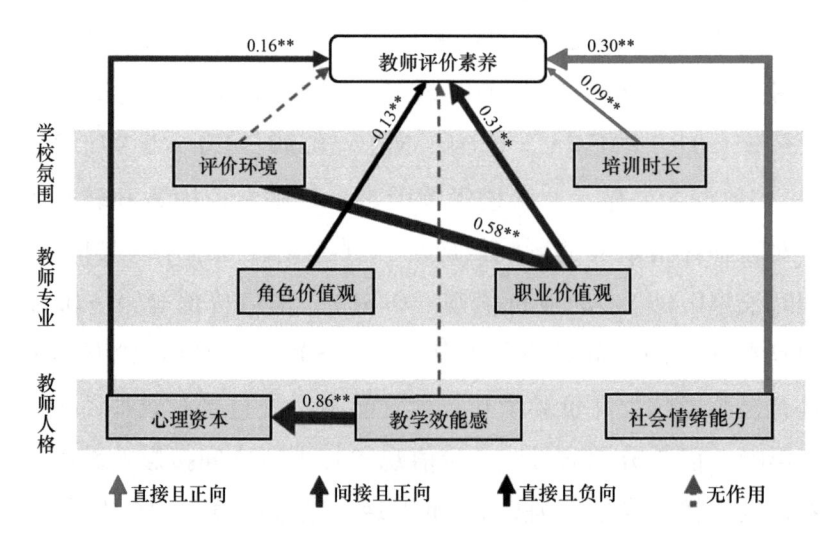

图3—3　中学教师评价素养影响因素模型

注：** 表示结果在5%的水平上显著。

养影响因素模型。其中，教师专业层面的职业价值观对教师评价素养呈现出最大作用力，其次为社会情绪能力、心理资本、培训时长。角色价值观在一定程度上对教师评价素养产生负向作用力。评价环境主要通过职业价值观的中介作用对教师评价素养产生影响，教学效能感与教师评价素养的联系是通过心理资本的中介作用来实现的。

四 结论与建议

（一）研究结论

1. 教师评价素养总体水平较低且在人口学变量上差异明显

研究发现，中学教师评价素养总体水平较低，这与郑东辉的调查结果基本一致。[1] 究其原因，一方面，作为我国教师准入"门槛"的教师资格认定制度主要考查教师的专业知识储备以及教育教学基本能力，涉及教师评价素养的细则与指标较为缺乏；另一方面，学校定期举行特定培训讲座或专业培训课程，以提升教师评价素养的正式学习机会通常很少甚至不存在[2]，难以满足教师评价素养的发展需求。

调查数据显示，女性教师的评价素养显著高于男性，这与赵士果的研究结果不一致[3]，可能与被试群体的不同有关。在本书中，男性教师评价素养更低的原因可能是受我国集体主义文化的影响，其在"社会比较"过程中更容易产生向上对比和向下认同，认为自己与"高端"行业从业者存在差距，并将自己归属于

---

[1] 郑东辉：《中小学教师评价素养状况：来自 Z 省的报告》，《全球教育展望》2010 年第 2 期。

[2] Schneider C., Bodensohn R., "Student Teachers' Appraisal of the Importance of Assessment in Teacher Education and Self-reports on the Development of Assessment Competence", *Assessment in Education: Principles, Policy & Practice*, Vol. 24, No. 2, 2017.

[3] 赵士果：《小学教师课堂评价素养的现状研究——基于上海市 Y 区 1032 名小学教师的调查与分析》，《上海教育科研》2020 年第 8 期。

"低端"行业从业者。① 这种较为消极的认知方式会对男性教师的情绪投入、教学积极性和工作满意度等方面产生负面影响，进而使其评价素养整体偏低。本科、研究生及以上学历教师的评价素养均显著高于专科及以下学历，这可能是因为学历较高教师拥有丰富的评价理论知识，懂得科学合理地利用评价结果，能够及时、全面地给予学生反馈，从而表现出较高的评价素养。省会或地级市城区、县（市）级城区教师的评价素养显著高于乡镇中学，其原因可能是前者拥有更多的教学资源，相对优越的工作环境更容易获得培训机会，从而使其具有更高水平的评价素养。村级教师的评价素养显著高于乡镇中学，可能是因为后者普遍存在的大班额现象，使教师工作难度加大，疲于应付，进而影响其评价素养水平的提升。

2. 正确的价值观念对教师评价素养呈现出最大作用力

调查数据表明，在教师专业层面，职业价值观和角色价值观对教师评价素养均具有显著影响，其中，职业价值观对中学教师评价素养呈现出最大作用力。这可能是因为教师的工作投入以及行为倾向受到了"价值驱动型"职业价值观的影响②，从而激发了其参与评价活动的积极性。总之，树立正确的职业价值观有助于教师形成对教育"鉴赏家"（艾斯纳语）身份的确认，积极践行"育人为本"的教育评价理念，建构"教—学—评一体化"的教育范式，进而对教师评价素养的提升发挥重要促进作用。角色价值观对教师评价素养存在消极影响可能是因为受传统考试文化的桎梏，学校形成了"以考分排名评教师、以考试成绩评学生"的错误导向和做法。在这种高风险考试系统的影响下，教师容易萌发为考试而教的

---

① 吴晶、金志峰、葛亮：《为什么教师职业对于女性更具吸引力——基于社会比较理论的视角》，《教育发展研究》2020年第2期。

② 李笑樱、闫寒冰：《教师职业认同感的模型建构及量表编制》，《教师教育研究》2018年第2期。

角色价值观，并将注意力局限于应试技巧和考试任务上[①]，而忽视对自身评价观念和评价技能的培育和提升。

3. 良好的学校氛围是提升教师评价素养的重要驱动力

研究结果显示，在学校氛围层面，培训时长和评价环境对教师评价素养具有显著影响，这与宋亚南等人的研究结论基本一致。[②] 健全的评价培训机制和良好的学校评价环境是推动中学教师评价素养发展的重要驱动力。Phin 在研究中强调了教师培训的重要性，认为一个切实可行的在职培训模式不仅有助于提升教师的职业自信，还为教师专业素养的增强提供了良好的发展契机。[③] 此外，良好的评价环境能够潜移默化地影响教师的行为举止和心理状态，使其陈旧落后的职业价值观念发生转变，进而增强其职业获得感，改善教师的评价行为。值得注意的是，学校的评价环境并不会直接对教师评价素养产生影响，而是通过作用于教师职业价值观并对其产生间接效应。这一结论表明学校环境作为潜在变量难以单独发挥作用，只有真正唤起教师对其职业的内在认同，才能有效推动教师评价素养的发展与提升。

4. 健全的教师人格对教师评价素养具有显著影响力

研究发现，在教师人格层面，社会情绪能力和心理资本能够对教师评价素养产生直接影响，教学效能感则需通过心理资本的中介效应间接作用于教师评价素养。具体而言，拥有高水平社会情绪能力的教师往往表现出更多的亲社会行为，能够充分发挥自身的个性

[①] Razavipour K., Riazi A., Rashidi N., "On the Interaction of Test Washback and Teacher Assessment Literacy: The Case of Iranian EFL Secondary School Teachers", *English Language Teaching*, Vol. 4, No. 1, 2011.

[②] 宋亚南、陶坚、高雪松：《教师评估素养和情境性认知——一项基于上海中小学英语特级教师的个案研究》，《全球教育展望》2020 年第 4 期。

[③] Phin C., "Teacher Competence and Teacher Quality in Cambodia's Educational Context Linked to In-service Teacher Training: An Examination Based on a Questionnaire Survey", *International Journal of Educational Administration and Policy Studies*, Vol. 6, No. 4, 2014.

优势，并在评估各方面因素的基础上对学生做出负责任的决策①，进而展现出更高的评价素养。同时，"心理资本是促进个人发展及其绩效提升的心理资源和积极心理状态"②，是影响教师评价意愿，调整评价行为，促进评价素养发展的基础与前提，对教师专业素养的提升发挥着重要促进作用。此外，有研究指出，教学效能感作为一种积极的心理资本③，是教师对其能否有效完成教学任务、实现教学目标的一种能力的知觉与信念。④ 具有高水平教学效能感的教师在面临工作压力时，不易产生职业倦怠⑤，相反，他们通常对自身的评价素养充满信心，往往伴随着积极的心理状态投入到教育评价工作中，能够较好地完成评价任务，从而表现出更高水平的评价素养。

（二）对策建议

1. 强化"价值驱动型"职业观渗透，提升教师职业忠诚度

研究发现，"价值驱动型"职业价值观对教师评价素养的影响程度显著高于其他因素。因此，树立正确的职业价值观是提升教师评价素养的核心与关键。一方面，学校管理者应加强对教师职业价值观的引导与培育，"要将教师个体的发展统一在教师职业价值观下，引导到为了实现共同目标而努力的发展方向上来"⑥。可以通过

---

① Jennings P. A., Greenberg M. T., "The Prosocial Classroom: Teacher Social and Emotional Competence in Relation to Student and Classroom Outcomes", *Review of Educational Research*, Vol. 79, No. 1, 2009.

② 邹维兴、丁湘梅、郑玉国、谢玲平、王洪礼：《西部民族地区新建本科高校教师心理资本对其工作投入的影响——职业认同和工作满意度的中介作用》，《教师教育研究》2022 年第 6 期。

③ 彭佳、于海波、高琳然：《乡村小学青年教师工作特征、个体资源对职业幸福感的影响——基于不同任教动机的调节作用》，《基础教育》2022 年第 5 期。

④ 俞国良、罗晓路：《教师教学效能感及其相关因素研究》，《北京师范大学学报》（人文社会科学版）2000 年第 1 期。

⑤ 刘晓明：《职业压力、教学效能感与中小学教师职业倦怠的关系》，《心理发展与教育》2004 年第 2 期。

⑥ 赵树贤：《教师学习的学校管理》，《教育理论与实践》2006 年第 14 期。

正面教育与隐形渗透等方式将职业价值观的塑造融入教师培养全过程，从而规范其职业行为，保障评价工作顺利实施。另一方面，教师应树立正确的职业理想与价值导向，通过深刻体悟教师职业的内在价值与本质特征实现专业发展与自我成长的有机统一，从而提升教师对其职业的忠诚度和使命感。

2. 强化支持性学校氛围营造，实施"知识服务"型评价培训

支持性学校氛围有利于教师感知到友善、合作、鼓励、关心及信任的工作环境[①]，促使教师认同学校评价工作，积极投身评价实践。正如研究结果所呈现的，中学教师在支持性学校氛围中更容易树立正确的职业价值观念，展现较高的评价素养水平。因此，学校应强化支持性氛围的营造，突出教师主体地位，给予他们最大程度的自主权、参与权和表达权，引导其将评价素养提升视为自己的本职工作，以不断完善自身专业知识结构。此外，充分调动教师参与教育评价培训的积极性，进一步完善优化培训体制机制是营造支持性学校氛围的重要内容。学校应提供多样化的"知识服务"型评价培训，将评价学习融入专业课程设置之中，使教师能够通过课程安排习得有关评价的实践技巧，不断扩充评价理论知识储备，为教师评价素养的提升创造有利条件。

3. 强化社会情绪能力培养，构建教师人际交往"关系图式"

社会情绪能力是教师自身应对错综复杂的教育工作和人际交往的必备专业素质。[②] 高水平的社会情绪能力有助于教师充分发挥自身人格魅力，与学生、家长、同事等建立良好的人际关系，缓解职业倦怠，进而提高评价工作参与度，促进评价素养的提升。一方面，在人际交往过程中，通过对教师以往"关系图式"的回顾和反

[①] 王双龙：《教师自我意识与学校支持氛围对教师专业发展的影响研究》，《教育科学研究》2017年第11期。

[②] 郭绒：《国际教师社会情感能力的实证研究：理论模型、研究设计和研究成果——基于23项核心实证研究的领域综述》，《比较教育学报》2022年第1期。

思，及时将其"从早期和重要他人（抚养者、养育者）不良的互动模式中释放出来，转而以一种更成熟的方式处理自己的情绪和行为"①，以改善原有工作状态，使教师从职业中感受到更多的幸福感和满足感。另一方面，教师自身应积极建立情绪意识，充分认识自我识别、自我管理、识别他人等情绪能力提高的必要性，减少攻击性或顺从式的"关系图式"，使其在亲密、融洽、互助的人际关系中逐步提升评价素养。

---

① 赵梓叶、蔡旻旻、刘翔平、王书剑：《以社会——情感能力为核心素养的教师心理健康》，《教育科学研究》2023年第1期。

第四章

主体自觉：学生做好综合素质评价的核心要点

　　教师要指导学生客观记录在成长过程中集中反映综合素质主要内容的具体活动，收集相关事实材料，及时填写活动记录单。

　　　　　　　　——《教育部关于加强和改进普通高中学生综合素质评价的意见》

　　综合素质无法像长度、时间、重量那样直接测量，但会在人的具体活动和行为中有所表现，即通过外显行为测量内隐特质。……综合素质评价中通过活动与行为记录反映素质。

　　　　　　　　——陆璟

　　让学生学会自我评价，有助于学生形成积极进取的心态，增强自尊自信，从他律走向自律，实现自我发展与自我完善。学生自己觉醒了，有了自己的价值选择、目标认同，了解了自己的优势和不足，成长才真正开始。

　　　　　　　　——柳夕浪

大学招生机构并不需要知道一个学生是否"富于创新精神",我们需要知道的是他(她)做过哪些事情,有过哪些特别的经历,从这些事情和经历之中我们自然而然可以判断出他(她)是不是具有创新精神。

——秦春华

学生是综合素质评价的"责任主体"之一。在综合素质评价校本化实施中,若没有学生的积极参与,进而在评价活动中不断自我成长、提升和发展,那么这种育人实践的效果就会大打折扣。因此,在具体化的实操环节,学生究竟应做哪些"功课"呢?在我们看来,一方面,"学生需要做的是及时、客观、真实并有重点地记录和收集能反映自己综合素质的重要活动和突出表现,包括活动报告、图片、音像资料、证明、证书、实物等典型事实材料、重要活动记录、调查报告、研究报告、作品照片、逸事、证书和录音录像等。"[①] 另一方面,学生还应积极开展自我评价活动,以彰显潜能优势。并撰写自我陈述报告,以与未来专业发展建立"链接"。

第一节　学生做好活动写实记录的价值诉求及实操方法

《教育部关于加强和改进普通高中学生综合素质评价的意见》(以下简称《意见》)指出:"教师要指导学生客观记录在成长过程中集中反映综合素质主要内容的具体活动,收集相关事实材料,及时填写活动记录单。""高中教师要充分利用写实记录材料,对学生成长过程进行科学分析,引导学生发现自我……明确努力方向。"由此可见,国家对学校实施综合素质评价过程中,进一步做好学生

[①] 刘丽群、刘桂君:《谁来评价高中综合素质?——基于利益相关者的分析》,《课程·教材·教法》2018 年第 1 期。

活动写实记录提出了具体指导意见。但令人略感遗憾的是，"近年来……带有生源供给任务的低学段学校越来越沦为综合素质评价信息和档案资料的'过手'记录者，而没有很好地或有意识地将综合素质评价信息记录过程及其积累作为学校和教师自身教育教学、人才培养改进的参照……导致综合素质评价出现了某种程度的应试化倾向。"[1] 基于此，我们究竟应如何深刻理解与把握这一制度设计所蕴含的价值诉求，又该探寻什么样的实操方法来保证活动记录的"写实性""客观性"原则，以及如何基于活动写实记录来形成基于确凿事实与证据的意义解释路径，对这些议题的厘定与澄清或有益于综合素质评价的有序推进和落实"落地"。

一　学生做好活动写实记录的价值诉求

此次综合素质评价改革高度强调了学生做好活动写实记录的极端重要性。究其根源，这主要缘于学生综合素质测评的复杂性和不确定性。"综合素质无法像长度、时间、重量那样直接测量，但会在人的具体活动和行为中有所表现，即通过外显行为测量内隐特质。……综合素质评价中通过活动与行为记录反映素质。"[2] 在我们看来，做好活动写实记录有利于学生深度洞察自身个性特质，有利于教师科学分析学生成长过程，有利于高中深度推进育人方式变革，有利于高校招生实施"精准选拔"[3] 战略，因而具有显著的教育学价值和实践意义。

（一）学生深度洞察自身个性特质的重要载体

在新高考改革语境下，如何客观、理性地认识自我，进而摸

---

[1] 董秀华：《综合素质评价实施过程中的共识、争议与隐忧》，《教育发展研究》2020年第22期。

[2] 陆璟：《综合素质评价推动学校深度变革——上海市普通高中学生综合素质评价试点解读》，《上海教育科研》2015年第12期。

[3] 刘志军、王宏伟：《高校招生需要"精准选拔"》，《清华大学教育研究》2018年第4期。

索、探寻出一条更适合自己的学科选择以及未来的职业发展道路，无疑是一件非常重要且关键的核心任务。长期以来，由于缺乏自主的成长空间以及时常陷入"被安排"的困境，学生对自身个性特质、独特天赋、优势潜能的"了解和认识"并非不言自明，以至于到了大学阶段仍然不知自己"到底喜欢什么""究竟擅长什么"。在笔者的大学课堂上，经常遇到学生问及"以后的路应该如何走"等问题，这不禁让人反省和沉思。究其原因，这可能与学生不能正确认识自我、规划自我、反思自我密切相关。在高中三年，学生做好活动写实记录恰是其总结经验教训、反思成长得失、洞察个性特质的重要契机。这是因为活动是其亲身参与、经历和体验的，记录也是"自己写自己"，这种切肤的体验和细腻的感受非外人所能言说。学生正是在这种持续不断的参与、记录、反思和成长过程中，才有了发现"最真实自己"的机缘与可能。

（二）教师科学分析学生成长过程的关键凭依

鉴于学生综合素质的内隐性、混沌性、不确定性特点，以及囿于现时期评价技术的局限，我们可对其"可观察""可测量"的外在行为表现展开评价，进而提升评价的客观性和说服力。"综合素质只能通过行为，通过客观事实去作判断，不能用一个主观的方式来评价。……要用，就只能通过客观的行为和事实来评价。"[①] 也就是说，"综合素质评价则是通过对能够代表学生的整体发展的一系列外显行为进行观察、记录和评价，来了解学生的综合能力和品质。"[②] 而活动写实记录即是学生对其三年来的代表性行为、客观事实或典型事例的忠实记载和陈述，凭此材料，教师才能祛除传统学生评价常陷入一种主观化、经验化的"武断"或"臆断"的流弊，进而针对学生成长过程展开科学有效的

[①] 赖配根、王殿军：《成长记录的第一责任人是学生自己》，《人民教育》2015年第2期。
[②] 陆璟：《综合素质评价推动学校深度变革——上海市普通高中学生综合素质评价试点解读》，《上海教育科研》2015年第12期。

分析、指导与评价，最终实现综合素质评价促进学生全面而有个性发展的最终目的。

（三）高中深度推进育人方式变革的有力支撑

《国务院办公厅关于新时代推进普通高中育人方式改革的指导意见》（以下简称《意见》）明确指出，要"把综合素质评价作为发展素质教育、转变育人方式的重要制度，强化其对促进学生全面发展的重要导向作用"。因此，在新的改革语境下，综合素质评价除了发挥其为高校招生服务的人才选拔功能外，其推进学校转变育人方式、进而"在增强综合素质上下功夫"更是其本体价值。活动写实记录作为学生综合素质评价体系中的重要构成，也在一定程度上反映和折射着学校教育教学质量与育人方式水平。试想一所学校若没有"开足开齐"相关的实践类课程、研究性学习，以及提供出丰富多样的主题节日、"社团大战"、游戏比赛等课内外活动，那么学生的写实记录恐怕都是空白或高度雷同、模式化的。对此，为改善学生评价生态，清华附中做了颇具特色和创新的实践探索。该校通过聚类和相关性分析，确定了对学生发展至关重要的"高影响力"活动，如"社会公益及志愿服务""感动感悟与交流沟通""社会调查与勤工助学"，等等。[1] 并且通过大数据（热词等）分析，还发现了诸多很有意思的现象和问题。如在学生活动记录中"爱国主义教育"等词出现频率很高，这说明德育活动在学生脑海里留下了深刻印象。这些数据和事实，无疑对学校后续开展德育活动，进而深度推进其育人方式变革提供了有力借鉴和支撑。[2]

（四）高校精准识别学生优势潜能的核心参照

《意见》强调，"高等学校在招生时要根据学校办学特色和人

---

[1] 王殿军：《基于大数据的学生综合素质评价研究》，《北京教育》（普教版）2018年第3期。

[2] 王殿军：《让"综评"成为撬动基础教育改革的真正支点》，《北京教育》（普教版）2018年第7期。

才培养要求……组织教师等专业人员对档案材料进行研究分析，采取集体评议等方式做出客观评价，作为招生录取的参考。"活动写实记录作为学生综合素质档案的重要构成，是高校精准识别学生优势潜能的核心参照。这是因为，"在高中养成的参与习惯可以用来预测进入大学后的学习行为。这也是为什么许多大学在综合评价体系中考查学生在中学时参与各种活动程度的重要原因所在。"[1] 这事实上牵涉对学生非学术性能力或非认知能力的评价问题。长期以来，高校对人才的甄别与选拔，只是"唯分数论"，而对其创新品质、情感态度、社会服务和道德价值观等非智力因素常常"忽略不计"，从而陷入了"见分不见人"的困境和怪圈之中。而在国外大学的人才选拔实践中，"课外活动作为评价指标，不仅显示出学生自身的能力，同时也能够体现出学生在高中阶段的社会参与意识和社会贡献等。"[2] "大学希望通过对这些因素的评审，来推测学生作为一个社会人所具有的生活和实践经验，以及担当社会责任的意愿和具备的潜能。"[3] 因此，在新时期，高校需构筑基于活动写实记录的学生综合素质评价体系，唯有如此，才能选拔出更优秀且"适合"的学生，进而实现高校人才培养目标与学生专业发展性向的高度匹配。

二 学生做好活动写实记录的实操方法

活动写实记录是实施学生综合素质评价的基础与关键。"写实记录是综合素质评价的起点和依据，没有客观记录，评价就失去了依据，就没有真实性可言，评价的结果也就无据可查。写实

---

[1] 常桐善：《大学招生"综合评价"中审核学生课外活动参与程度的重要性》，《中国高等教育评论》2017年第1期。

[2] 王正青、田霄：《后标准化考试取向下如何评价学生综合素质——加州大学系统本科生招生的新改革研究》，《大学教育科学》2022年第2期。

[3] 常桐善：《大学招生"综合评价"中审核学生课外活动参与程度的重要性》，《中国高等教育评论》2017年第1期。

记录是保证评价依据的客观性和公正性的前提条件。"[1] 调研发现，尽管高中学校已全面认识到开展此工作的重要性，但在具体的实操阶段，仍然有诸多不尽如人意的地方，有待做进一步的辨析、厘定与澄清。

(一) 明晰活动写实记录的"结构维度"

活动写实记录究竟应包括哪些内容或维度，一直是困扰高中学校的内在焦虑之一。调研发现，诸多学校所使用的活动写实记录表（单）较为零散或混乱，难以达到应有的教育成效和功能。在我们看来，活动写实记录应进一步明晰其"结构维度"，重点呈现以下三个方面的内容。一是活动开展的基本信息，如时间、地点、人物、活动主题、见证人等，呈现这些要素的主要目的是"事事留痕"，防止作假。二是活动实施中的具体行为表现。相较于如学业水平考试成绩、《国家学生体质健康标准》测试结果，以及"学生参与党团活动、有关社团活动、公益劳动、志愿服务等的次数、持续时间"（《意见》）等可观察、可测量、可统计的内容信息，那些具有主观性且难以测量、考查的评价维度（如思想品德、艺术素养、社会实践等），我们在评价时就需要将它们转化为学生参与相关活动的具体行为表现以及获得的研究性成果，等等。[2] 三是参与实践活动的佐证材料。为规避不应有的作假行为，可提供活动照片、视频、获奖证书、研究报告等作为证据支持。这种基于客观事实与证据的学生评价实践才具有较高的信度、客观性和科学性。如以下案例4—1至案例4—4。

---

[1] 侯沛成、陈维：《普通高中综合素质评价中"写实记录"的功能与操作》，《教学与管理》2016年第31期。

[2] 侯沛成、陈维：《普通高中综合素质评价中"写实记录"的功能与操作》，《教学与管理》2016年第31期。

案例4—1 某校开发的社区服务活动记录表

年级：高二　　　班级：一班　　　姓名：Ａ Ａ Ａ　　　学号：20131204010096

服务时间		服务地点	
服务项目	清除小区宣传广告			
小组成员	BBB　　CCC　　DDD　　EEE			
社区评价	社区盖章： 年　月　日			
个人服务感悟				
事实性材料				

　　该表详细记录了学生服务时间、地点、参与什么样的活动、发挥的作用、取得的成效、个人感悟等，并需提供相关的客观性事实材料，以资证明。

案例4—2 东明学校开发的研学活动学习成果记录卡

最美的学习在旅途中 ——东明学校研学活动学习成果记录卡			
学习成果名称			
所在班级		研究时间	
指导老师		联系电话	
课题小组成员	姓名	性别	组内职责	联系电话
课题组长				
其他成员				
研究方法				
学习成果展示形式				

该表详细记录了活动的时间、参与人、实施过程以及研究成果等信息，学校可以基于这些纪实性活动实施客观评价。

案例4—3 德润学校（考察探究、职业体验等活动）记录表

活动主题			
持续时间		地点	
参加人员			

实践过程（文字加图片）：

研究报告：

实践评语：

案例 4—4　德润学校学生综合实践活动（社会服务）记录表

活动内容		活动时间	
活动地点		指导老师	
小组成员			
活动目的			
活动过程及收获			
反思评价			

备注：小组成员的第一个名字为组长。

(二) 宜将"关键事件"作为活动写实记录的重点

在当前的综合素质评价实践中,有部分地区或高中学校"把评价的指标当作标准",认为在学生的综合素质档案中,记录越多学生参与的活动项目,就越能凸显学生的综合素质,进而也就越能被高校招生人员所关注与吸引。这种评价思路尽管在促进学生全面发展方面有一定的积极作用,但其流弊和不足亦是十分明显的。这是因为,在高中教育阶段,学生本身就背负了异常沉重的学业压力,而为了形式上的"全面发展"而驱使学生尽可能多地去参加各类活动,则会严重挤压学生正常的休息和娱乐时间,进而容易造成学生学习与生活中的疲惫和"拼命"状态。并且,人无完人,金无足赤,我们不可能要求每一位学生在各个方面、每一个细节都表现优异与完美,这其实是对学生的过分苛求和不正常对待,从而不利于其身心的健康发展。

所以,在高中学习阶段,尽管学生参与的社会实践活动以及随之而来的情感体验和独特经历是多种多样、丰富多彩的,但这些海量、庞杂的体验和经历并非都要进入"记录范畴"之中,而是要"择要而记""选长而录",即要选择那些最具代表性、最突出、最具个性化的活动加以如实记录。这在《意见》中有明确规定:"档案材料要突出重点,避免面面俱到、千人一面。有些活动项目学生没有参加或事迹不突出,可以空缺""一般性的活动不必记录。"由此可见,学生综合素质档案中的活动记录并不是要学生面面俱到,而是要择取其最具代表性、最突出、最有个人化色彩的"活动事件"客观、真实地记录下来,因而是一种典型的"择优而记""择长而录"的纪实形式。在高校招生时,高校组织专业人员来对这些档案材料进行理性分析和研究,进而作出科学、合理的有效判断。

基于此改革理念与精神,在我们看来,宜将"关键事件"作为活动写实记录的重点。"关键事件指对学生的自我认识、视野拓宽、价值选择、能力提升等产生重要影响的事件,它可能触及个人内心深处，是以往从未有过的体验经历。"[1] 这就意味着并不是要学生将参与的社会实践活动"面面俱到"，而是要把那些真正触及灵魂、影响深远且最能彰显自身特质的代表性活动（它可能是一次志愿服务或研究性学习经历，也可能是一次遇见或一段旅行等），如实客观记录和陈述出来，如此才真正契合了此制度设计的内在精神与核心诉求。下面结合案例4—5进行分析。

案例4—5

开学第一天，班主任安排了班干部竞聘大会。班会上，我鼓足了勇气，大胆地走向了讲台。我渴望当上这个名副其实的班长，于是我把竞选稿前前后后修改了3次。虽然我不一定是最优秀的，但我真的很努力想要做好这件事。……经过激烈的竞选，我的班级管理理念和为同学们热情服务的决心得到大家的一致认可。终于，我如愿当上了班长，感受到了自己的使命和担当。

——摘自戴启猛主编《广西普通高中学生综合素质评价指导与实施手册》，漓江出版社2021年版，第66—67页，略有删减。

这份活动记录如实客观地呈现了该生竞聘班长的故事，就可看作是一种"关键事件"。"关键事件即为人—情境互动过程中的特写镜头。只有那些促动个人成长的重要节点，才是真正意义上的关键事件。"[2] 该生战胜了胆怯和懦弱（"鼓足勇气""大胆地"），付出了辛劳与努力（"反复修改"），获得了信任和支持（"一致认可""感受到使命和担当"），等等。这种经历与体验对青少年而言，一

---

[1] 柳夕浪：《撬动未来的杠杆——学生综合素质评价改革研究》，浙江教育出版社2021年版，第145页。

[2] 柳夕浪：《撬动未来的杠杆——学生综合素质评价改革研究》，浙江教育出版社2021年版，第92页。

定是独特、丰富而深刻的，无疑是其成长进步过程中的一次重要蜕变和洗礼。

无独有偶。据报载，福建一个高三男孩在申请美国罗切斯特大学时，因自己特别钟爱吃泡面，并把"亚洲各个品牌的泡面基本都吃过一遍"这一典型事迹写进申请材料里，竟意外地被录取。罗切斯特的大学通知书如下：

> 由于我们更强调自主独立的精神，所以我们不同于其他的大学院校，委员会和我审核你的申请时更注重你的独立性。我很高兴你已经准备好投入你未来的独立生活、更深入地钻研兴趣爱好以及学习你所热爱的事物。……在得知你对泡面的狂热以后，辅导员推荐了你，委员会和我都确信你会坚持到底，并且能作为罗切斯特的一员成长得更加强大。[①]

美国著名大学竟会因学生对"泡面的狂热"而感兴趣，这一案例的确让我们有点出乎意料。但这也从另一个侧面反映了美国的教育价值观——关注学生的独立精神、兴趣爱好以及个人独特品质。另外，它还给我们带来的启示便是，学生综合素质档案中的活动记录只需基于"关键事件"择优而记，择长而录即可，要富有特色和"亮点"，而非面面俱到。

（三）活动写实记录的精义是"强化客观叙述"

如何撰写出一份高质量，且符合新型评价理念的活动写实记录，对于一线教师和学生来说仍存在诸多困扰或疑虑。调研发现，广大师生对于活动写实记录的认识与理解存在颇多误读或误解，即往往不自觉地将其理解为了个人成长报告或"反思日志"，以至于"感情色彩浓郁"而失去了要"强化客观叙述"的内在精义。在我

---

① 叶佐温：《福一中高三男孩爱吃方便面进美国名校》，《东南快报》2014年4月2日第A2版。

们看来，活动写实记录的底层逻辑是要对活动开展的前因/背景、操作方式、变革方法、实施效果/后果等关键要素做一个完整叙述或"复盘呈现"，以揭示行为主体在此复杂情境中到底做了什么，运用了什么工具/方法，解决了什么问题，发挥了什么作用等重要信息。下面结合案例4—6进行分析。

案例4—6

10月份，班主任交给我一个任务：设计班徽。我有点诚惶诚恐，我能担起这份重任吗？班主任鼓励我说，你不是一个人在战斗。大家既然信任我，我就试试看吧。

首先要确定设计风格。充分沟通后，我最后确定了偏向英伦风的设计风格。但在尝试之后，发现效果不好。查找资料后，最终选择了"龙"和"火"这两个具有中国特色的元素。它的身躯弯曲成一个数字"3"的形状，代表着我们的班级。"龙"的设计有着更深层的含义。龙是神兽，非常强大，意寓祥瑞。龙的身上有着不同动物的特色，这些不同不就像我们班一样吗？每个同学都有自己的特点，而正是班里每一个同学组合起来，才能成为3班。历时两个星期，几易其稿，我终于在截止时间前完成了作品。经过这次班徽的设计，我体会到了"我不是一个人在战斗"的含义。

——摘自戴启猛主编《广西普通高中学生综合素质评价指导与实施手册》，漓江出版社2021年版，第66—67页，略有删减。

这份活动写实记录全面、清晰、客观呈现了该同学进行"班徽设计"的全过程。从接受任务时的"惶恐"到后面的"试试看"，再到开始工作后"充分沟通""查找资料""寓意设计"以及"几易其稿"等，都在如实叙述着记录主体为此活动目标的实现所做出的努力、尝试和行动。这些行为实践的背后恰恰表征了该学生内在的

"勇于尝试""团结协作"且"富有想象力"的独特品质与发展潜能。总之,对于高校的人才选拔实践而言,"大学招生机构并不需要知道一个学生是否'富于创新精神',我们需要知道的是他(她)做过哪些事情,有过哪些特别的经历,从这些事情和经历之中我们自然而然可以判断出他(她)是不是具有创新精神。"[1](见案例4—7)

案例4—7 某附中学生农村生活体验记录

2013 年 7 月 13 日 晴

"黑夜给了我一双黑色的眼睛,我却用它来寻找光明。"我的黑眼睛,是在夜晚来寻找星星的。夜晚的微风吹拂着我的脸庞,吹着我的这颗被城市伤害已久的心。星星在广阔的黑色幕布上眨着眼睛,让城里娃第一次被乡村给深深震撼。

这,就是今晚我踏上这条乡间小路所想。

这条小路,白天让我看到了绿色的田野,黄色的土地;夜晚又让我领略了黑色的夜幕,金色的星星。乡村的美景,随手按按相机,就是一幅美丽的图画。

可这美丽之外仍然有不和谐的因子。燃烧垃圾的浓烟涌上云霄,弥漫在这农田的上空,伤害了田地,也伤害了这片土地上住着的我们。不要让农村的夜晚,也会因为没有星星的存在而哭泣。

土地是每个人的来源,我们也终将回到土地里去。

◇评析

该学生的农村生活体验记录,自我感情色彩过于浓厚,抒情成分较多,不符合写实记录所强调的客观性原则。在这份活动记录中,看不出该学生身体力行地做了什么、完成了什么任务等具体行为。尽管主人公注意到了乡村焚烧垃圾的危害,但与此相关的内容

---

[1] 秦春华、林莉:《高考改革与综合素质评价》,《中国大学教学》2015 年第 7 期。

较少，也没有对此问题展开进一步的行动和实践。此类活动记录在以往的综合素质档案材料中较为普遍，这在以后的活动记录中需要注意并加以改进。

第二节 学生开展自我评价活动的内在逻辑

在新高考改革语境下，积极引导、促进学生形成客观的自我认知态度、积极的自我发展渴望、理性的自我规划意识、良好的自我反思习惯等——即开展学生自我评价，构成了基础教育学校常态化、规范化实施综合素质评价的核心议题与重要范畴。在我们看来，"让学生学会自我评价，有助于学生形成积极进取的心态，增强自尊自信，从他律走向自律，实现自我发展与自我完善。学生自己觉醒了，有了自己的价值选择、目标认同，了解了自己的优势和不足，成长才真正开始。"[①] 然而，笔者调研发现，受制于传统学生评价思想观念的禁锢、束缚与局限，学生自我评价正遭遇着本质诉求错位、关键证据缺失、"呈现形式"单一化等诸多困境和挑战，难以充分发挥其潜能优势彰显、良好个性培育的积极作用。鉴于此，本书拟对综合素质评价中学生自我评价的内在逻辑进行厘定与澄清，以期匡正不恰当的理解和认识。

一 彰显潜能优势：学生自我评价的本质诉求

学生自我评价是学生基于自身整体发展状况而做出的一种自我认识定位和个性化判断，其目的在于真实、客观地"认识你自己"。长期以来，我们对自我的认知与评价较多停滞于"缺陷文化"层面，即常常沉溺于反思自身的短板、劣势和不足之处，并处心积虑地寻求种种渠道来弥补这些"缺陷"，从而导致学生陷入自我否定、

[①] 柳夕浪：《学生综合素质评价：怎么看？怎么办？》，华东师范大学出版社2016年版，第113页。

自我怀疑、自我批判的泥淖之中难以自拔。如我们所熟知的"木桶理论",即强调"最短的那块木板"决定着"整个组织的绩效水平"。事实上,这种组织管理定律运用于学生个体的成长、发展与评价时,却并不具有其适切的合理性、价值性和教育性。究其根源,此种"短板决定个体发展"的机械、僵化、狭隘的思想观念与认知习惯,易使我们在定位、评价自我时较多陷于"静坐常思己过"的负面认知和消极情绪之中,即过度关注自身存在的"短板"与不足,而忽视或漠视了可能产生增值点的"长板"和优势。从某种程度上来说,这种自我评价理念与模式,难以使学生自身与生俱来、卓尔不群、独具核心竞争力的优势潜能和个体特长得到充分挖掘、释放与彰显,自然也就难以成就真实而独特的自我。

为规避、祛除学生自我评价时的认知误区和操作失范,《教育部关于加强和改进普通高中学生综合素质评价的意见》(以下简称《意见》)确立了实施综合素质评价的基本原则,即"坚持指导性,把握学生的个性特点,关注成长过程,激发每一个学生的潜能优势,鼓励学生不断进步"。由此可见,在新的时代背景下,进一步激发、彰显学生潜能优势已成为此次综合素质评价改革的内在灵魂与价值旨趣,亦是实施学生自我评价的本质诉求和内在规定。诚如秦春华等所指出的那样:"综合素质评价的着力点,一定不能放在具体的内容上,而要引导学生去发现自己的兴趣,做自己最喜爱的事情,发掘出自己身上特殊的闪光点和潜力,从而帮助学生从单纯的考试训练中解放出来,实现自身的全面发展。"[①] 现结合案例4—8作一简要剖析。

案例4—8:学生自我评价报告(节选)

我是高二年级的一名女生,最大的爱好是去书店看书。只

[①] 秦春华、林莉:《高考改革与综合素质评价》,《中国大学教学》2015年第7期。

要是文学作品，我都想要一窥究竟。对每一部作品，我都会形成自己独特的个人解读。我最喜欢阅读古代诗歌，尤其是先秦的文学作品，并多次获得诗歌创作奖。我对文学的热爱，也促使我经常进行一些文字写作上的训练，形成了较为扎实的写作技能。我相信，只要保持着对文学的这份热爱，坚持不懈地创作，一定可以实现我的文学梦！

◇评析

这份报告突出地揭示了该生独特的潜能优势和兴趣爱好，较为契合学生自我评价制度设计的基本理念与核心诉求。如文中陈述的"最大爱好是看书""独特的个人解读"以及"获得诗歌创作奖"等，较为客观地呈现并彰显了该生"对文学的热爱"这一潜能优势、性格特质和专业性向。无疑，此种学生自我评价理路，更宜促使个体将评价从对"缺陷与不足"的焦虑转移到对"潜能与优势"的挖掘和彰显上来，从而更加积极地认知自我、定义自我，并做到以发展的眼光、充分的自信实现个体的生命绽放。当然，本书将彰显潜能优势定位为学生自我评价的本质诉求，并不意味着是让学生对自身的劣势与不足"视而不见"，而是希冀、期望其能最大限度地发掘、聚焦于自身的天赋、潜能和独特优势，从而实现扬长避短，"做自己最擅长的事"。

二 "利用写实记录材料"：学生自我评价的证据凭依

学生自我评价不是自我臆想，不是自我吹嘘，不是自我迷恋，其效度应建立在自身所参与、经历和体验的一系列真实成长"事件"与社会实践基础之上。如此，学生自我评价才具有客观性、真实性和适切性。然而，调研发现，在学校日常的教育教学实践中，由于外部评价或他人评价的"霸权"与强势，学生自我评价的意识和能力较为低下，并且往往是基于个人的主观感受、情感好恶或

"天马行空"式的想象等进行自我评估与价值判断（如经常所见的"我感觉""我猜的"等）。而要进一步探寻和追问其为何做出这样的认知与判断时，该学生往往是一头雾水，"不知其所以然"。换言之，当下的学生自我评价实践在很大程度上植根于"个体臆想"，而非"事实证据"。因此，此种"凭空"、抽象、略带"虚幻色彩"的自我评价理路并不具有其充分的反思性、洞见力和说服力，进而难以彰显其内在的教育学价值与意义。

为祛除学生自我评价重"感觉"轻"证据"的错误范式和流弊，《意见》明确指出："高中教师要充分利用写实材料，对学生成长过程进行科学分析……明确努力方向。"同时强调要"如实记录学生成长过程中的突出表现，真实反映学生的发展状况，以事实为依据进行评价"。深刻领会、体悟此制度设计的内在意蕴，我们可以达成以下思想共识，即无论是教师对学生的评价操作，抑或是学生的自我评价实践，都需建立在具体的事实、客观的证据等基础之上，诚如柳夕浪所言："用事实说话即强调在学生综合素质评价上，用真实的、有说服力的具体实例说话，把评价做实，不说空话、假话和套话。"[①] 对于学生自我评价而言，其内在逻辑亦是如此。一言以蔽之，学生自我评价应建立在自身过往的个人成长体验、社会实践经历、研究性学习锻炼等基础上，进而展开深度的自我反思与自我教育，以规避评价的随意性、盲目性和模糊性。现结合案例4—9作一简要剖析。

案例4—9：学生自我评价报告（节选）

我是个音乐迷，特别喜欢流行音乐，所以自学了吉他、贝斯、架子鼓等乐器，也组建了我们学校第一个流行音乐社团，并连续三年担任社长一职。……2019年，我们社团到一所乡村

[①] 柳夕浪：《学生综合素质评价：怎么看？怎么办？》，华东师范大学出版社2016年版，第41页。

小学进行音乐交流，这次短暂经历让我更加坚定要一直做音乐，用我自己的音乐鼓励更多的人去追求自己的梦想。总有一天，我会成为一名优秀的音乐人！

案例中学生开展的自我评价是成为"音乐人"，他何以有这样的认识定位和判断呢？从报告中可以看出，该同学并非"空口胡说"，而是从自身"自学乐器""组建社团""担任社长"以及开展"音乐交流"等具体活动事例入手，全面审视并理性反思了自身的兴趣爱好、艺术特长以及职业发展倾向，形成了较为客观的自我认知定位和自我判断。无疑，此种自我评价来源于有血有肉、真情实感的生活体验和成长阅历，也就进一步增强了评价的客观性与说服力。此外，从服务于高校人才选拔工作的角度而言，招生人员也可通过对这些真实、鲜活、个性突出的自我评价报告的诊断与分析，从而洞察出该生的个性特质、专业性向和发展潜能，进而为选拔最契合自身人才培养理念与专业培养要求的优秀人才奠定基础。

三　深度融入学习情境：学生自我评价的多元路径

此次综合素质评价改革旨在"促进学生认识自我、规划人生，积极主动地发展。"而要实现此目的与愿景，教师需要在具体的课堂教学情境中科学化、系统化、规范化实施学生自我评价，以积极促进学生自我意识的觉醒、自我规划的成熟和自我学习能力的提升等。然而，从目前的实施情况来看，"学生自我评价是以一种不自觉的和未被系统化的形式进行的，是一种未被教师设计的非正式的自我评价活动。……一些教师和研究者把学生的自我评价等同于自我评分，没有考虑自我评价与学生学习过程的关系，在一定程度上忽视了自我评价本身所具有的认知、元认识功能。"[①] 事实上，当前

[①] 李静：《指向自我调节学习的学生自我评价研究述评》，《全球教育展望》2018 年第 8 期。

的学生自我评价基本上被等同于"打操行分",或是撰写"反思总结""文字鉴定"等,且常常游离于学生的学习情境或教师的课堂教学活动之外。长此以往,学生自我评价的"形式"或路径越发单一和窄化,自然难以满足学生充分认识自我、持续反思自我的现实需要。

为破除学生自我评价路径单一、评价方式匮乏等沉疴痼疾,我们需致力于打破狭隘且固化的自我评价认知、积极探索并努力构建多元化的学生自我评价路径。这是因为"在评定的新方式中,学生将有机会对所学的东西构建他们自己的反应方式,他们也将有机会选择公布他们所学知识的方式"。① 这就意味着,学生的自我评价应深度融入自身日常的生活与学习情境,并结合其课程修习状况、研究性学习开展或课题任务完成等情况进行。诚如有学者所言:"对平时作业的自我分析、对各种学习作品的自我评判、对日常行为表现的自我检查、对自己的进步与变化等做出及时的纪录与反思,都是学生开展自我评价的有效途径。"② 此外,在教师的课堂教学活动中,亦是开展学生自我评价的有效路径。"以语文教学为例,在学生的学习过程中生字(词)的掌握情况、课文朗读的流利程度及感情表达程度、文章中心思想概括的准确度、课堂作业的完成情况、习作修改等是可以让学生尝试进行自我评价的。"③ 总之,学生对自我的认识与评价,不宜只限于采用某一种"沉思式"或"反省式"路径,它需深度融入于学生复杂的学习情境和实践活动之中。唯有如此,学生散落、隐蔽在日常生活世界中的天赋、禀性、特长潜能和精神气质才能得以被充分挖掘与发现,进而有利于做出更为精准的自我判断和评价。

---

① [美]埃利奥特·W.艾斯纳:《教育想象:学校课程设计与评价》,李雁冰等译,教育科学出版社 2008 年版,第 216 页。
② 蔡敏、邢淑娟:《小学高年级学生自我评价的调查研究》,《中国教育学刊》2005 年第 3 期。
③ 李妍霖:《近十年我国学生自我评价研究综述》,《教育参考》2017 年第 6 期。

四 达致"结构性确证":学生自我评价信度的有力保障

学生自我评价的信度不高,一直以来饱受学界质疑与诟病。究其根源,一方面是学校学生评价实践"受到传统考试评价观的影响,学生时常作为评价的边缘人而存在,缺少相应的评价话语权和行动参与权。……由于缺乏自我描述的专业引领和详细指导,学生不具备准确评价自己的能力";[1] 另一方面,当下的学生自我评价偏重学生自身的"内省"与"独白","当事人既是演员,又观看自己、反思自己,但这不同于观众的'在我看来',难以'抽身'出来客观审视,而主要是一种反思和内省,为此当事人的自我评价信度经常被质疑。"[2] 因而,由于缺乏与其他评价主体之间的"互证"、关联和反馈,其信度低下也就在情理之中了。

此次综合素质评价改革积极倡导实施多元主体评价,其目的并不是将不同主体的量化评价"分数"以一定比例计入对学生的总体评价结果之中。相反,其内在"实质在于让他们独立地提供有关学生综合素质的材料,以便大学来判断不同材料之间是否具有'结构性确证'"。[3] 这一思想洞见为改善学生自我评价生态,进而提升其信度提供了启发和解决思路。在艾斯纳(Eisner)看来,所谓"'结构的确证性'是指收集资料和信息,并在它们之间建立联系,最终创造出一个被一些组成证据所支持的整体情境的过程。当证据之间彼此一致,情节成立,每一条都恰如其分、产生出意义并组成证据时,证据在结构上就是有确证性的"。[4] 也就是说,学生在进行

---

[1] 刘志军、陈雪纯:《高中学生综合素质评价主体多元化:问题与思考》,《中国考试》2020年第8期。

[2] 柳夕浪:《学生综合素质评价定位研究》,《教育研究》2019年第11期。

[3] 罗祖兵:《欣赏性评价:综合素质评价的方法论选择》,《课程·教材·教法》2018年第1期。

[4] [美]埃利奥特·W.艾斯纳:《教育想象:学校课程设计与评价》,李雁冰等译,教育科学出版社2008年版,第246页。

自我评价时，不宜只是"自说自话""自吹自擂"式的独白，而应广泛收集多元主体所给予评价的"资料和信息"，并使各方"陈词"能够"建立联结""产出意义"，并进一步"彼此确证"。如此一来，学生即可将诸多"他人评价"同自身参与社会实践活动所生发的自我感知、自我反思和自我判断相互参照与对比。无疑，通过此"评价程序"，学生自我评价结果的客观性、真实性和可信度得以增强，进而有助于充分发挥其应有的教育学价值与意义。

第三节　学生撰写陈述报告的问题透视及增效路径

《教育部关于加强和改进普通高中学生综合素质评价的意见》（以下简称《意见》）明确指出，学生综合素质档案的主要内容包括"学生毕业时的简要自我陈述报告和教师在学生毕业时撰写的简要评语。……档案材料要突出重点，避免面面俱到、千人一面"。由此可见，学生自我陈述报告是新高考改革语境下学生综合素质评价系统中的核心构成，其重要性不言而喻。事实上，个人陈述报告也是美国大学采用多元化方法评价学生非认知能力的途径之一，它通常反映了学生成长的背景以及对某些专题问题的认识，有助于评审人员了解学生的思想情感和社会态度。[①] 然而，笔者在实践调研中发现，学生所撰写的自我陈述报告质量参差不齐，很难反映其内在、潜隐、异质性的个性特点和优势素质，致使高等学校难以从中准确判断、识别，进而选拔出最契合自身培养的优秀人才。鉴于此，本书拟对报告撰写中的相关问题做一学理透视与诊断，揭示其困境和症结，并提出优化增效建议，以利于学生综合素质评价的常态化实施与推进。

---

① 常桐善：《大学招生"综合评价"中审核学生课外活动参与程度的重要性》，《中国高等教育评论》2017年第1期。

一 问题透视：综合素质评价中的学生陈述报告诊断

（一）学生个性特长的彰显严重不足

陈述报告作为学生综合素质发展概况有机呈现、表征的重要载体，理应以彰显自身个性特长、优势素质为重心，而非"千人一面""千篇一律"。"综合素质自身具有个性化特征……改为呈现每个学生一至两个最具优势、最具竞争力的特质。……这种优势素质评价思路不仅可以让学生将精力集中于发展自己最愿意发展的素质上……也方便高校端查看学生评价资料、提高检阅效率，从而提升高校使用评价材料的意愿。"[1] 因而，为满足当下高校所实施的精准选拔战略需要，学生陈述报告是否能够更好地展示、呈现自身个性特长和优势素质，是衡量、判断此报告撰写质量优劣的重要标准。但从笔者所接触到的相关案例来看，学生对如何撰写陈述报告的认识与理解仍存在诸多偏差和游离，致使自我陈述报告沦为自我鉴定、自我规划或自我表扬报告，从而丢弃、丧失其应有的教育学价值和意义。下面以某高中学生的自我陈述报告为例来进行剖析（见案例4—10）。[2]

案例4—10

"长风破浪会有时，直挂云帆济沧海。"本人坚信通过坚持不懈地努力，使自己能够成为一个有理想、有道德、有文化、有纪律的学生。在这三年里，学习上我严格要求自己，注意摸索适合自己学习情况的方法，并且积极思维，问题的分析、解决能力强，学习成绩优良。生活上，我遵纪守法，尊敬师长，乐于助人，与同学友好相处。此外，我的集体荣誉感较强，努

---

[1] 郑若玲、孔苓兰：《综合素质评价方案的特征、与突围——基于对第三批新高考综合改革方案的分析》，《河北师范大学学报》（教育科学版）2020年第1期。

[2] 本书所举案例均摘自调研学校学生综合素质档案，内容略有修改，特此说明。

力为班为校做好事……在这最后的中学生活里,我将努力完善自我、刻苦学习,提升自身的学习能力,为几年来的中学生活画出优美的弧线,并写下人生篇章光辉的一页。

基于我们对自我陈述报告这一板块设计之使用功能的理解与定位,此陈述报告并非一份合格的"答卷",其存在的问题与流弊主要有以下两个方面。第一,该同学对自身个性特长的彰显严重不足。如其介绍自己在思想品德方面能够"遵纪守法""尊敬师长",在学业水平方面能够"严格要求""积极思维"等,但这些素质对一名高中毕业生来说,是本身就应该具有的基本素质和必备品格。并且,对绝大多数高中学生而言,如无意外,都可以做到这一点,因而,这样的陈述内容就属于"千人一面",并不能充分反映该同学独特的、与众不同的、区别于他人的个性特长,故无须赘述。第二,"表态式"语言陈述难以传递个性化的有效信息。基于"谁使用谁评价"的制度设计,作为使用者之一的高等学校,在阅读此陈述报告时,更倾向于通过文中的叙述来了解、剖析该同学的个性特点、兴趣爱好、专业性向等,并以此来判断其是否契合自身人才培养目标和专业培养要求。但此报告中所呈现出来的无论是诗词("长风破浪会有时,直挂云帆济沧海")、还是"努力完善""坚信通过""注意摸索"等,只是一种自我期许、自我规划或自我畅想,难以传递该同学是"如何努力""如何完善""如何摸索"等个性化、实践性、"行动式"的高价值信息。所以,此报告陈述过于抽象、空洞和"千篇一律",对此,我们应有理性的辨析和清醒的认识。

(二) 基于突出表现的陈述略显贫瘠

通过梳理发现,在各省(区、市)印发的关于学生综合素质评价的文件中,对如何撰写学生自我陈述报告提出了相关要求。如在《上海市普通高中学生综合素质纪实报告》的"自我介绍"模块中，明确提出要"通过列举典型事例等方式，介绍学生本人的社会责任感、专业志向与才能、个性特点与个人爱好等方面的具体突出表现"。在《河南省普通高中学生综合素质档案》的"自我陈述"模块中，也在附表"说明"提出"'自我陈述'主要通过列举典型事例等方式，介绍自己的个性经历、兴趣爱好、志向才能等方面的具体突出表现，不要重复前面几个表格中记录的各种获奖情况等"。由此可见，撰写陈述报告的逻辑思路是清晰而明确的，就是要通过对具体突出表现的陈述和展示，来呈现自身的责任感、专业兴趣、创新精神等独特品质。这一制度要求"简洁"而"实际"，但在笔者调研所见到的诸多案例中，结果却仍不尽如人意。

所谓介绍"具体突出表现"，其意指向的是学生应重点陈述在参与诸多社会实践活动过程中能体现其综合素质与个性特长的能动性行为和创造性实践。这主要是因为"大学招生机构并不需要知道一个学生是否'富于创新精神'，我们需要知道的是他（她）做过哪些事情，有过哪些特别的经历，从这些事情和经历之中我们自然而然可以判断出他（她）是不是具有创新精神"[①]。故而，如案例4—11学生所陈述的"赴美交流""参加体验营""参与'春节对比'并发起'戏剧研究'"等活动，虽其具有典型性和代表性，但该同学对在这些实践活动过程中的突出行为表现陈述却语焉不详。也就是说，此报告并不能使评阅者知悉、洞察出该同学具体做了什么，发挥了什么作用，是如何开展"春节""戏剧"对比研究，以及又取得了什么样的研究成果等关键信息，所以此报告有"华而不实""避重就轻"之误。

案例4—11

我出生在丽江，在这座文化古城中……过着美好、丰富、

---

① 秦春华、林莉：《高考改革与综合素质评价》，《中国大学教学》2015年第7期。

有意义的生活。

我参加学校赴美国交流学习活动，六天的赴美国交流学习生活经历，我深刻感受到异国的文化特色和学习氛围。……同时也让我为中国的悠久历史与博大精深而自豪。

我参加2014年清华大学优秀中学生体验营，清华优美的校园环境与精彩纷呈的学术讲座让我更加憧憬大学紧张而丰富的生活。

我参与"中外春节对比与研究"并发起"中外戏剧对比与研究"的研究性学习活动。通过自己的亲身体验和探索，提高了我运用知识分析和解决问题的能力。

（三）与未来专业发展的联系低效

一份质量优良的自我陈述报告其实是一幅申请者的"自画像"，旨在通过自我描述、剖析和刻画，来整体、系统、有机呈现自身的个人背景、求学动机、专业性向以及职业规划等。而对于高等学校来说，选拔人才要符合自身人才培养目标和专业培养定位，所以，其关注的焦点与重心常常是该申请者对未来"有志于学"的某个专业或学科的浓厚兴趣和"学术潜质"。因此，对于学生而言，"自我介绍的关键在于让学生将自己的兴趣特长与未来的专业发展方向联系起来，不是让学生笼统地介绍兴趣特长，而是要列举事实，证明自己为有兴趣从事的专业做了一系列的努力和准备情况，如选择相关的课程、从事相关的社会实践活动、培养有助于该专业学习的性格特点、取得过相关领域的成就等。"[①] 但通过查阅相关案例发现，多数学生陈述报告的撰写都存在与未来专业发展的联系低效等问题与症结，此需引起我们的注意和反思。

学生陈述报告应充分展示自身的专业志向以及未来想要从事某

---

① 陆璟：《普通高中学生综合素质评价的"上海设计"》，《中小学管理》2015年第6期。

专业领域等方面的知识积累情况，以尽可能地获得高校招生人员的关注和青睐。然而，在现实中学生对此"关键要点"的理解与把握并不到位。如案例4—12中的学生陈述报告通篇只是对三年学习成绩变化的详细介绍，如"高一第一学期……""第二个学期……""高二成绩稳定"等，而对其他方面的陈述却含糊其词，甚至空空如也，所以该学生的陈述报告在高校招生人员眼里犹如一张"白纸"，他们难以从中识别出学生的"专业潜质""学术兴趣"等，进而导致陈述报告难以发挥其应有的价值与意义。因此，从某种程度上来说，学生陈述报告是其通往理想高校/专业的关键"密钥"，故在陈述内容时需"详略得当"，有些内容（如学习成绩等内容在综合评价系统中都有记录）不必过多赘述，而有些内容（如学科兴趣、个性特长、专业志向等）则需详细、具体阐述。

案例4—12

在三年高中学习过程中，我通过不断地适应和进步，取得了优异成绩。从高一时的名列前茅再到以后的逐步提高并保持稳定。2014年第一学期获得校级学习进步学生，第二个学期开始因为学习上的放松使得成绩并不理想。直到高二之后的第一个学期，我的学习成绩开始日渐稳定，并在学期末赢得了校"三好学生"。第二个学期……我积极参加社会实践，为高中学习生活的社会实践画上了圆满的句号。

二 增效路径：综合素质评价中的学生陈述报告撰写建议

自我陈述报告是学生综合素质档案的重要构成，其"主要意图不在于考查写作能力，而是想要更加完整地了解学生的思想及其个人背景，与量化的测量指标相互补充"。[①] 在高校人才选拔环节中，

---

① 常桐善、万圆：《加州大学本科招生如何考虑学业表现——美国加州大学校长办公室常桐善博士访谈录》，《教育与考试》2018年第1期。

客观、丰富、个性化的自我陈述报告，可使学生在有限时空下，将自己的独特个性和优势素质充分展现出来，以弥补"纯数据"的不足，进而为开启新的"旅途"奠基。基于此，为破除当前学生陈述报告撰写中的桎梏与褊狭，使其功能得到科学、合理、有效发挥，笔者尝试提出以下教育建议。

（一）陈述报告定位须以彰显个性特长为底色

《意见》着重强调："综合素质评价是对学生全面发展状况的观察、记录、分析，是发现和培育学生良好个性的重要手段，是深入推进素质教育的一项重要制度。"深刻理解、体悟该制度设计的初心与使命，可以发现，促进学生全面发展基础之上的个性化成长和提升，是其最根本的教育底色与价值诉求。学生陈述报告是联结学生与高校招生人员的"纽带"，一份具有鲜明个性特点的陈述报告往往能使学生脱颖而出，受到更多的关注和青睐。所谓个性特长是"一个人在思想、性格、品质、意志、情感、态度等方面不同于其他人的特质，这个特质表现于外就是他的言语方式、行为方式和情感方式……特长指特别擅长的技能，或比一般人更突出，或达到一定的专业水准"。[①] 由此可见，每个人都有自己的个性特长，且并无优劣、高下之分。这里，我们不能把个性特长简单地等同于类似"弹钢琴"等所谓"高大上"技能，事实上，"同是艺术素养，城市的孩子可能记录学钢琴、画油画、歌剧表演情况等；农村的孩子可能记录泥塑、剪纸、手工编织情况等"，[②] 会唱山歌的农村孩子同样具有艺术表现力等个性特长。总之，根据各省（区、市）对陈述报告宗旨及定位的相关要求，它应是学生个性特长的客观、如实、具体"呈现"，而非"千人一面"式的雷同化、模式化表述。

---

① 李霞：《高考招生个性特长考核方式优选优化研究》，硕士学位论文，江西师范大学，2012年，第2页。
② 柳夕浪：《学生综合素质评价：怎么看？怎么办？》，华东师范大学出版社2016年版，第78—79页。

（二）陈述报告内容应以描述"突出行为表现"为重心

综合素质评价实施的内在逻辑即是通过对学生外在突出行为表现的洞察和分析，来辨识、鉴赏其内在的核心素质、学科优势与发展潜力。艾斯纳在《教育想象：学校课程设计与评价》中指出："对精妙、复杂以及重要特质的感知，这种洞察能力是批评的第一必要条件。在艺术中，有见识的感知行为指的就是鉴赏。做一个鉴赏家，就是知道如何审视、洞察以及欣赏。"[1] 因而，对于高校招生人员来说，他（她）们应该成为高度专业化的优秀鉴赏家，是发现"千里马"的"伯乐"。而对于学生陈述报告的呈现而言，其核心内容应以描述"突出行为表现"为重心，而非面面俱到。在我们看来，这种"突出行为表现"也即是关键性行为，是指"在特定情境中学生主动做出的最能代表某种素质的行为表现"，它具有境遇性、未竟性、稀有性、必然性、分立性的基本特征。[2] 如在这次抗疫过程中，某护士在返乡归途中得知需要医护人员时，不顾个人生命危险，积极报名参与抗疫战斗，并用行动践行作为一名医者的责任和担当。无疑，这种行为表现即可看作是一种突出性、关键性行为表现，我们能够洞察出其勇敢、无私、敬业的高尚品质。因此，学生在撰写陈述报告时，应重点描述、呈现此中的"突出行为表现"，进而使高校能够更好地识别、鉴赏出相关的关键素质和独特品质。

例如，在上海市普通高中学生综合素质档案里，列出了"自我介绍"模块，并提出了相关要求：即通过列举典型事例等方式，介绍学生的社会责任感、专业志向与才能、个性特点与个人爱好等方面的具体突出表现，字数不超过500字，见表4—1。

---

[1] ［美］埃利奥特·W. 艾斯纳：《教育想象：学校课程设计与评价》，李雁冰等译，教育科学出版社2008年版，第222页。

[2] 罗祖兵、邱月：《高中综合素质评价中的关键表现及其作用》，《教育科学研究》2012年第11期。

表4—1　　　　　上海市普通高中学生综合素质档案（节选）

姓名：	性别：	出生年月：	
籍贯：	民族：	政治面貌：	（学生照片）
身体健康状况：	家庭住址：		
邮编：	联系电话：		

你最感兴趣的职业/行业/专业（1—3项）：

1、　　2、　　3、

自我介绍（通过列举典型事例等方式，介绍学生的社会责任感、专业志向与才能、个性特点与个人爱好等方面的具体突出表现，字数不超过500字）：

（三）陈述报告主题宜与未来专业发展建立"链接"

基于对陈述报告主题要求的领会与解读，其主要目的是期许学生通过对自身成长过程进行全方位的自省和反思，进而精准定位自身潜能与优势，确立未来专业发展方向，最终提升高校人才培养和学生发展潜能的适切性与匹配度。因而，在新高考改革语境下，部分高校所实施的"综合评价"招生政策，其根本目的就在于要寻觅、选拔出更适合自身专业培养特点的优秀人才。而学生陈述报告作为体现自身学术兴趣和专业潜质的重要载体，其陈述内容应与其未来专业发展方向建立"链接"。"如此不仅可以体现各类专业对学生的选拔需求，还可以使具有特殊才能及天赋的学生脱颖而出，帮助高校寻求符合自身发展和需求的学生，并促进其发展。"[1] 如在某同学陈述报告中，其明确表达了自己对历史专业的浓厚兴趣和诚挚热爱，并通过列举"典型事例"方式加以佐证（如组建历史社团、担任历史讲解员、开展研究性学习、获得研究报告奖励证书等）。同时，又在课外时间通过聆听学术讲座方式来加深对历史的认识等。如此，这种陈述报告就使该学生将自身的性格特点、兴趣爱好、学科优势延伸到了自己的专业发展方向，并为之付出了辛勤的努力。通过此报告，高校招生人员可以此来了解该学生的学习经历、专业兴趣，以及评析、洞察其看待问题的态度和思考问题的方式等，进而能够较为迅速地描绘、勾勒出该同学饱满的个人画像，利于其做出更为精准的专业判断。

（四）陈述报告列举"典型事例"要确保真实可信

在高校招生录取中，学生所列举的"典型事例"是其彰显个性特长的重要依据，其真实性、可信性、可查性无疑是底线要求。如英国高校在收到学生个人陈述后，首先要检测其真实性，若发现抄袭率高于10%，则会被特殊标注；若抄袭度过高，招生服务处会专门出具抄袭报告，并最终由院系决定是否接受这名考生的申报。[2] 然而，令人遗憾的是，部分学生为使陈述报告更"高大上"，显得"干货满满"，便在有意或无意中编造了一些自己并未参与过的社会实践活动或提供种种虚假信息，试图欺骗招生人员，蒙混过关。事实上，这一做法显得极为愚蠢而幼稚，并会产生严重的信任危机。在当今万物互联的网络时代，企图"以假乱真"已是不可能。并且，高校招生人员均经过严格的专业训练，经验极为丰富，早已练就了一副"火眼金睛"，若是弄虚作假，必将被揭穿与识破。鉴于

---

[1] 郑梦娜：《江浙两省新高考改革中综合素质评价的调查研究》，硕士学位论文，安徽师范大学，2019年，第7页。
[2] 罗祖兵：《欣赏性评价：综合素质评价的方法论选择》，《课程·教材·教法》2018年第1期。

此，学生在列举、陈述"典型事例"时须确保其真实可信，即"用事实说话"，用证据证明。

例如，在河南省普通高中学生综合素质档案里，列出了"自我陈述"模块，并提出了相关要求：即主要通过列举典型事例等方式，介绍自己的个性经历、兴趣爱好、志向才能等方面的具体突出表现，不重复前面几个表格中记录的各种获奖情况，一般不超过800字，如表4—2所示。

表4—2　　　　河南省普通高中学生综合素质档案（节选）

	名称	次数	累计时间（小时）	调研报告、作品等成果	获奖情况	证明人
社会实践						

自我陈述	

综合评语	班主任签名： 年　月　日

学生确认签名： 年　月　日	校长签章： 年　月　日	学校签章： 年　月　日

(五) 陈述报告语言表达应"简洁"而"有力"

语言是学生陈述报告主旨及行为表现的符号载体，真实、流畅且富有逻辑性的语言表达，有利于高校招生人员迅速捕捉、提取有效信息，进而提升学生获得关注和青睐的机会与可能。一般而言，鉴于高校实施"综合评价"招生的时间较短，所以其对学生陈述报告都有一定的字数要求（800—1000字）。因此，学生陈述报告中的语言表达应尽可能地凝练、简洁、有力，切不可拖泥带水、华丽夸张、不着边际。同时一些与陈述报告主题不相关的"抒情式"语言、"表白式"语言、"期盼性"语言、"渲染式"语言（如"作为跨世纪的一代，我们即将告别中学的苦辣，迈入高校去寻找另一片更加广阔的天空……""在这座文化古城中……过着美好、丰富、有意义的生活"）也应尽可能剔除，避免增加高校招生人员的阅读负荷与评价压力。

结　　语

2014年，教育部印发了《关于加强和改进普通高中学生综合素质评价的意见》（以下简称《意见》），标志着我国学生综合素质评价制度正式确立。《意见》指出："综合素质评价由学校组织实施。学校要建立健全学生成长记录规章制度，明确本校综合素质评价的具体要求。""高中学校要将学生综合素质档案提供给高校招生使用。"可见，在新高考改革语境下，国家及社会对高中学校常态化实施综合素质评价提出了明确要求和细化规定。可以说，高中学校是常态化实施学生综合素质评价的主阵地。但从实施现状来看，部分高中学校存有走过场、"打太极"、消极应付的不良现象。根据笔者对部分高中校长的访谈发现，高中学校之所以不愿意下大力气开展综合素质评价，其中一个很重要的原因在于"综合素质评价在高等院校招生时没有发挥相应的作用""高校不用，我们又为什么而为？"这些无疑构成了高中学校实施综合素质评价的深层阻碍与羁绊。

实施高中学生综合素质评价是破除"唯分数论""一考定终身"流弊与症结的重要举措，亦是引导高中学校深化教育教学变革的有力"抓手"。因此，其根本的价值诉求主要表现在以下两个方面：第一，为高校招生录取提供重要参考。2010年，中共中央、国务院印发的《国家中长期教育改革和发展规划纲要（2010—2020年）》提出："普通高等学校本科招生以统一入学考试为基本方式，结合学业水平考试和综合素质评价，择优录取。"2014年，国务院印发的《关于深化考试招生制度改革的实施意见》提出："探索基于统一高考和高中学业水平考试成绩、参考综合素质评价的多元录取机制。"可见，将综合素质评价纳入到高校招生选拔评价体系，已成为我国教育改革领域广泛的思想共识。这一制度变革事实上是在向高中学校释放强烈的政策信号——高校招生要参考学生的综合素质评价。既然"风向标"已变，那么高中学校的"不作为"可能也就无法再延续下去了。第二，推进高中育人模式创新。学生综合素质评价除了要发挥"选拔"功能之外，还有一个更为重要的价值诉求——育人。长期以来，受"高考指挥棒"的驱使，高中学校一味追求考试分数、名次和升学率，这无异于将高中教育等同于了应试教育、升学教育了。在这种高压的应试环境下，学生的全面发展也就无从谈起了。实施高中学生综合素质评价，则是倒逼高中学校开足开齐相应的课程以供学生选择，或积极鼓励学生参与社会实践活动以增长社会知识和人生阅历。学生拥有了这样的平台或机会，也就为其真正的全面发展奠定了良好基础。总之，实施学生综合素质评价可以充分发挥其"选拔"与"育人"功能，而非单一价值旨趣。"讨论综合素质评价与中高考挂钩的问题并不否认综合素质评价作为形成性评价的价值和功能。在注重发展性、强调激励性的前提下，校本的综合素质评价可以起到帮助学生发现自己不足、明确发展方向的作用，这恰恰是与综合素质评价的初衷相吻合的。"[①]

但是，针对学校实施综合素质评价而言，既要忙"育人"的事，又要干"选拔"的活，何其辛苦哉！这种理解和认识，无疑产生了诸多的误识和分歧。那么，究竟应如何处理或化解这种矛盾与困扰呢？在我们看来，为了不让学校承受综合素质评价的"双重负

[①] 杨向东：《综合素质评价：中国特色的创新》，《基础教育课程》2011年第4期。

荷",需要辨析和厘清两种不同类型的综合素质评价。诚如有学者所指出的那样:"综合素质评价难以落地的根本原因,是把本该属于两个不同类型的评价项目作为一个项目去组织和实施,增加了评价实施者的困难和研究者的困惑。破困之策就在于将目前的综合素质评价分解为两个评价项目——综合素质选拔性评价和综合素质发展性评价分别实施,这也是评价项目专业化实施的基本要求。"①

事实上,针对学生素质培育与提升的综合素质评价应属于一种发展性评价。旨在通过评价来使学生养成良好品性、发展学科特长、激发创新潜质,使其"认识他自己"并努力成为最好的自己。"综合素质评价从一个更加全面的角度评价学生,记录学生学习,有助于打破'唯分数'和'一考定终身'的定式思维,让教育关注点从中高考备考转移到日常教育教学当中,从中高考一次的考试结果转移到教师教学和学生学习的全过程,而这个过程与育人过程不谋而合。"② 同时,从实践功能上来说,综合素质评价可用于诸多方面,如健全立德树人落实机制、发现和培育学生良好个性、驱动教师教育教学改进、推进基础学校特色化发展、深化高等学校人才选拔改革、营造良好素质教育氛围,等等。而针对高等学校招生选拔的综合素质评价应属于一种选拔性评价,旨在通过评价甄别出最适合自身人才培养目标定位以及特色化专业培养特点的优秀人才,所以,匹配问题是此类评价的关键。"大学招生机构并不需要接受中学(或其他机构、个人)对一个学生的综合素质评价结果。对学生做出综合评价的主体,一定是大学招生机构本身,而不是中学校长或老师,以及其他各类推荐人。"③ 由此可见,此两类评价因性质、功能的差异与不同,其实施评价的主体、理念、思路、程序以

---

① 鞠锡田:《高中生综合素质评价基本问题追问及破困之策》,《中国教育学刊》2022 年第 10 期。
② 辛涛:《综合素质评价落地是育人变革关键》,《教书育人》2019 年第 29 期。
③ 秦春华、林莉:《高考改革与综合素质评价》,《中国大学教学》2015 年第 7 期。

及方式方法亦应有所区分和差别。而无视或忽略这种不同和差异，并让基础教育学校同时发挥这两种功能，其最终结果只能导致综合素质评价实施中的权重不清、程序混乱，进而与理想中的综合素质评价真正"落地"渐行渐远。对此，我们应有清醒的认识和自觉的行动。

附录一

研究工具

一　教师综合素质评价认同感问卷[①]

尊敬的老师：

您好！为了全面了解初高中学生综合素质评价实施情况，以便更好地改进工作，我们特地开展此次调查。非常感谢您在繁忙的工作之余抽空填写本问卷。您的答案无对错之分，请不必有任何顾虑。衷心感谢您的支持！

题项	完全不同意	不太同意	基本同意	比较同意	非常同意
1. 考虑到我开展综合素质评价工作所获得的满足感，我认为尽管工作量会增加，但此项工作值得进行	1	2	3	4	5
2. 考虑到综合素质评价可以更好地发现和培育学生的良好个性，我认为尽管工作量会增加，但此项工作值得进行	1	2	3	4	5
3. 考虑到综合素质评价可以发展学生多方面的潜能，我认为尽管工作量会增加，但此项工作值得进行	1	2	3	4	5

---

① 注：该问卷改编自尹弘飚等人的课程改革认同感问卷，并根据综合素质评价的实际情况进行了调整和修订。

续表

题项	完全不同意	不太同意	基本同意	比较同意	非常同意
4. 考虑到综合素质评价能够深入推进素质教育，我认为尽管工作量会增加，但此项工作值得进行	1	2	3	4	5
5. 考虑到综合素质评价能够不断提高教师的教学能力，我认为尽管工作量会增加，但此项工作值得进行	1	2	3	4	5
6. 综合素质评价倡导的教育理念反映了我的教育观	1	2	3	4	5
7. 综合素质评价倡导的评价方式符合我的学生评价观	1	2	3	4	5
8. 综合素质评价倡导的评价方式可以在我的课堂教学中得以实现	1	2	3	4	5
9. 我可以在学校的常规性校务会议上提出对实施综合素质评价的疑虑	1	2	3	4	5
10. 无论何时出现有关综合素质评价的问题，我总可以向一位有经验的同事请教	1	2	3	4	5
11. 学校经常有培训活动，我可以从中学习如何开展学生综合素质评价	1	2	3	4	5
12. 在学校的会议上，校长时常强调实施综合素质评价的重要性	1	2	3	4	5
13. 本校学生的家长支持实施综合素质评价	1	2	3	4	5
14. 教育行政部门颁布的政策为综合素质评价的实施创设了良好的环境	1	2	3	4	5
15. 我将积极而公开地支持本校进行综合素质评价	1	2	3	4	5
16. 我赞同本校实施综合素质评价的工作安排	1	2	3	4	5
17. 我将建议本校同事实施综合素质评价	1	2	3	4	5
18. 我将向本校同事指出实施综合素质评价的可行性	1	2	3	4	5

附录二

大数据技术应用于综合素质评价研究的热点主题与未来展望[*]

《深化新时代教育评价改革总体方案》指出,要"创新评价工具,利用人工智能、大数据等现代信息技术,探索开展学生各年级学习情况全过程纵向评价、德智体美劳全要素横向评价"。有学者强调,将"现代信息技术,如大数据、云计算、人工智能等与教育评价深度融合,利用它们来挖掘收集、甄别整理、统计分析海量数据,推动教育评价方法手段革新,是加快教育评价现代化的不二路径"。[①] 可见,在新时期,利用大数据技术开展专业化、高质量学生评价已成为新型时代议题。其中,如何将大数据技术应用于综合素质评价研究是其焦点论域与核心范畴。"大数据的整体思维、复杂思维和相关思维是方法论的变革,正引领着学生综合素质评价的范式转型。"[②] 基于此,本书以中国知网(CNKI)收录的86篇论文为研究对象,采用文献计量法,并借助 CiteSpace 的可视化功能从时间频次、空间分布、关键词聚类等方面加以分析,以探寻两者的内

---

[*] 本文由王洪席、李婷婷共同撰写。

[①] 储常连:《立"五维"破"五唯"推进教育评价现代化》,《中国教育报》2020年第6期。

[②] 杨鸿、朱德全、宋乃庆、周永平:《大数据时代学生综合素质评价:方法论、价值与实践导向》,《中国电化教育》2018年第1期。

在耦合机制与深度融合路径，进而为推进学生综合素质评价"落地"提供智力支持和方法论借鉴。

一　数据来源与研究方法

为确保原始数据的权威性、代表性和学术性，本书在 CNKI 中选择"高级检索"类型，以"综合素质评价"并含"大数据"为主题，截至 2023 年 2 月 19 日，共检索出 133 篇相关文献。通过对标题、摘要等内容进行人工筛选，排除不相关的会议、简讯、通知、新闻、访谈等非研究性文献，最终共计 86 篇符合纳入标准。本书借助 CiteSpace5.7.R5 软件工具对其进行可视化分析，主要包括年度发文量、研究作者、研究机构等维度，以科学知识图谱的形式呈现该领域的热点主题与前沿趋势。

二　研究的时空知识图谱

1. 研究的时频分析

对研究的时频分析有利于宏观把握目前研究成果的产出、热度以及发展趋势等情况。基于此，本书绘制了历年文献发文量趋势折线图，如附图 2—1 所示。在 2015 年初次出现简要谈及将大数据技术应用于综合素质评价研究的文章后，此类研究的发文量总数从整体上看呈上升趋势，并在 2020 年达到峰值。究其原因，随着大数据技术在教育教学领域中的广泛应用，以及综合素质评价在此次新高考改革中"参考"作用的发挥，诸多学者敏锐地感知到大数据技术在综合素质评价信息收集创新[1]、数据加工处理与诊断反馈[2]等方面的重要价值和实践意义。由此，大数据技术应用于综合素质评

---

[1] 戚业国：《推动学生综合素质评价的四个着力点》，《教育测量与评价》（理论版）2015 年第 4 期。

[2] 张鹏高、张生、李宣宣：《基于大数据的教育质量综合评价》，《中国教育信息化》2015 年第 5 期。

价研究日益受到学界的重点关注与持续讨论。

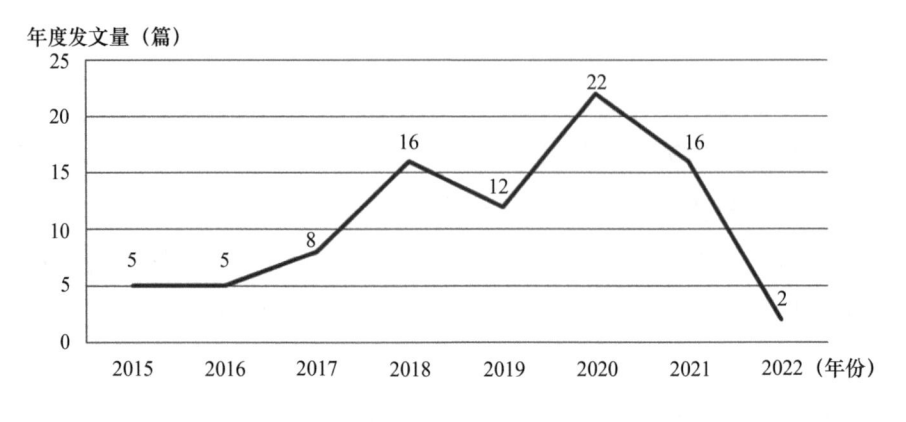

年度发文量（篇）

附图2—1 历年文献发文量趋势

2. 研究的空间分布

（1）作者分布

对文献作者的分析有利于读者了解、知悉该领域处于顶端的高水平研究群，以便开展更具针对性的跟踪和学习。在 CiteSpace 运行主窗口通过设置节点类型和标签阈值将研究该主题的作者筛选出来，最终得到研究者合作网络图谱。如附图2—2所示，结果显示

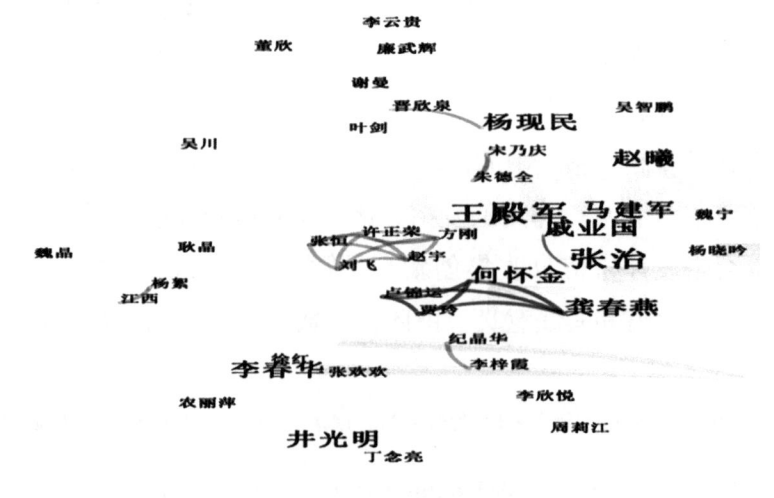

附图2—2 研究者合作网络图谱

出131个节点及96条作者间连线,网络密度为0.0113。这表明有131位研究者关注此领域,且他们之间共存在96次合作。通过对文献作者分析发现,发文量在两篇以上的作者共有10位,排在前五位的分别是王殿军、张治、戚业国、杨现民、何怀金。总体而言,关注该主题的学者还较少。

(2) 机构分布

对研究机构分布及不同机构间合作情况的分析有利于明晰该主题研究的地域特征以及团体间的交流沟通情况。在CiteSpace窗口选择节点类型"机构",将标签阈值设置为2,最终得到研究机构共现图谱(见附图2—3)。图中总节点数为92,连线数为39,密度为0.0093。由附图2—3可知,全国有92个机构关注该领域,其中发文量领先的研究机构主要有江苏师范大学智慧教育学院、清华大学附属中学、华东师范大学教育学部、上海市电化教育馆、重庆市教育评估院、浙江省慈溪市教育局教研室等。总体来看,该主题得到了诸多研究机构的关注,且相关研究成果较为丰硕,但机构分布较为分散,还没有形成稳定的、高质量的协同关系和共享机制。

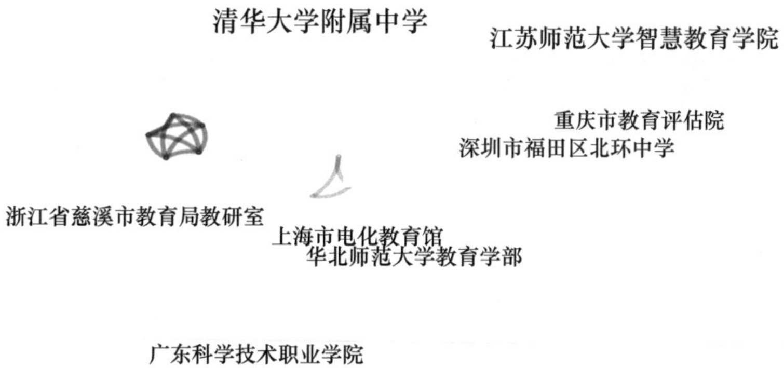

清华大学附属中学　　江苏师范大学智慧教育学院

重庆市教育评估院
深圳市福田区北环中学

浙江省慈溪市教育局教研室
上海市电化教育馆
华北师范大学教育学部

广东科学技术职业学院

附图2—3　研究机构共现图谱

三 研究的热点主题

Citespace 软件可以通过对出现频次高词语的总结、提炼,绘制出关键词共现网络图谱,进而来反映一段时间内研究者关注的焦点,即研究热点。本书将表达意思相近的词语(如"学生综合素质评价"与"综合素质评价","综合素质"与"学生综合素质"等)进行人工合并操作,并将其归入频次较靠前的词语中,最终生成关键词共现网络图谱。其中,关键词节点 169 个,连线数 367 条,密度为 0.0259。每个节点对应的圆圈和字体的大小表示关键词出现的频次高低。结合关键词出现的词频统计表(如附表 2—1)可知,出现频次较高的关键词有"学生综合素质评价""大数据""综合素质""综合素质评价体系""学习评价""评价机制""教育大数据""发展性评价""高职学生""区块链""核心素养""智慧校园""教育信息化""人工智能""新高考""教育综合改革""增值评价""信息管理系统""指标体系""教育决策""学生数字画像"等。这反映出大数据技术应用于综合素质评价研究中学术界关注领域的聚焦点和"轨迹图"。

附表 2—1　关键词共现频次、中心性及年份(部分)统计表

序号	频次	中心性	年份	关键词	序号	频次	中心性	年份	关键词
1	38	0.94	2015	学生综合素质评价	7	5	0.08	2016	教育大数据
2	34	0.59	2015	大数据	8	4	0.04	2017	发展性评价
3	15	0.29	2017	综合素质	9	4	0.06	2017	高职学生
4	7	0.05	2017	综合素质评价体系	10	3	0.06	2020	区块链
5	5	0.14	2017	学习评价	11	3	0.01	2019	高职院校
6	5	0.02	2016	评价机制	12	3	0.04	2018	核心素养

续表

序号	频次	中心性	年份	关键词	序号	频次	中心性	年份	关键词
13	3	0.07	2017	综合素质评价系统	23	2	0.1	2015	信息管理系统
14	3	0.04	2018	智慧校园	24	2	0.02	2017	测评工具
15	3	0.04	2015	教育信息化	25	2	0.04	2021	指标体系
16	3	0.01	2020	人工智能	26	2	0.01	2020	校本化
17	3	0.02	2017	大学生	27	2	0	2018	生成性评价
18	3	0.07	2019	新高考	28	2	0.07	2015	教育决策
19	3	0.03	2015	教育综合改革	29	2	0.01	2019	学生数字画像
20	2	0.01	2015	教育质量监测	30	2	0.08	2019	大数据分析
21	2	0	2020	高中学生综合素质评价	31	2	0	2018	总结性评价
22	2	0.05	2015	增值评价					

结合附表2—1以及具体的研究内容，经过归纳分析，发现学界对大数据应用于综合素质评价的相关研究主要集中在"大数据思维和技术""评价模型""评价保障机制""评价安全困扰"四个热点主题，详述如下。

（一）"大数据思维和技术"研究主题

该主题包括"教育信息化""发展性评价""生成性评价""增值评价""学生数字画像""大数据分析"等关键词。

综合素质评价是切实转变学校人才培养模式，促进学生全面而有个性发展的重要制度举措。但其自提出以来就面临种种争议，目前正处于"攻坚区""深水区"。而大数据思维和技术的引入在一定程度上贡献了解决方案，形成了"全样本数据＋复杂模型＋归纳分析＋可视化反馈"[1]的评价路径，进而促进综合素质评价实践朝着智能化和专业化发展。其一，在大数据思维运用方面。传统学生

---

[1] 朱德全、吴虑：《大数据时代教育评价专业化何以可能：第四范式视角》，《现代远程教育研究》2019年第6期。

综合素质评价依据个别事例、"表现性结果"或学业成绩作为学生全面发展状况的"证据","以小见大"地推断、评定学生综合表现,具有一定的片面性和盲目性。而大数据思维的引入,则可有效克服这一流弊与症结。所谓"'大数据思维'是一种融合现代云计算等相关技术和相关理论学科的理性分析,对一切反映人们社会行为的大数据进行线性与非线性处理的'多元生态逻辑'"[①]。杨鸿等人认为,大数据的整体性、复杂性及相关性思维丰富了综合素质评价理念,带来了学生评价范式的变革[②]。吴智鹏提出,大数据思维"能充分体现综合素质评价的本质、全面涵盖综合素质评价的内容、有效整合综合素质评价的方式、准确预测综合素质的发展方向"[③]。由此可见,大数据思维注重汇集学生的海量数据,将看似不相关的碎片化数据通过科学化处理、模型分析,建立起网络化的有机联系,全面反映学生的素质发展状况,进而大大提升了评价的科学性和可信度。其二,在大数据技术运用方面。传统综合素质评价以量化评价、终结性评价为主,即便使用电子化管理平台也是一种变相的"记录表",侧重结果性数据记录、主观判断且评价复杂烦琐、可靠性低,并不能真正实现评价的初衷。而大数据技术则依托先进的数据采集、处理与分析等手段,实现了从传统的主观、总结性成绩评价到客观、全程性、多元智能评价的转变。管华等人认为,大数据技术可解决综合素质评价中信息量小、失真和结构缺失等问题[④]。杨鸿等人认为,大数据技术以记录全过程的形成性评价代替复杂的结果性评价,进而促进评价操作的简便性与评价实施的持续

[①] 吴智鹏:《高中生综合素质评价新理念及其实现路径——基于"大数据思维"》,《赣南师范大学学报》2018 年第 2 期。

[②] 杨鸿、朱德全、宋乃庆、周永平:《大数据时代学生综合素质评价:方法论、价值与实践导向》,《中国电化教育》2018 年第 1 期。

[③] 吴智鹏:《高中生综合素质评价新理念及其实现路径——基于"大数据思维"》,《赣南师范大学学报》2018 年第 2 期。

[④] 管华、薛嘉晖:《大数据和区块链技术在综合素质评价中的应用》,《教育与考试》2020 年第 5 期。

性,使评价能够关注到"活生生的人"。总之,大数据技术简化了综合素质评价中重复、繁杂的工作,更关注学生过程性的外在行为表现,使综合素质评价的实操更合理,结果更可信,有效促进了评价由关注"分"到关注"人"的价值转向。

(二)"评价模型"研究主题

该主题包括"综合素质评价系统""评价机制""发展性评价""教育综合改革""新高考""教育质量监测""信息管理系统""测评工具""指标体系""大数据分析""教育决策"等关键词。

随着人们对大数据思维和技术的深入了解与挖掘,研究者尝试利用其与综合素质评价的内在关联性和耦合机理建立综合素质评价模型,以提升评价的客观性、全面性和科学性。如清华附中借助云计算、大数据技术,采用聚类和相关性分析方法,构建了学生综合素质生成性评价模型。其中包含9个模块46个维度的行为记录内容,以强化从数据中挖掘学生未来发展的潜能和倾向[1];重庆市研发的学生综合素质评价平台依托一系列数据分析模型,如"多维教学评价模型""学生学习进步增值评价模型"等,将学生"增值"性成长表现生成综合素质评价报告,为学校、区域教育的有效决策提供科学依据[2];张治以上海市中小学生综合素质评价改革工作为背景,构建了"多源多维综合素质评价模型"[3]。纵观已有研究,该模型系统、全面地构建了大数据运用于综合素质评价全过程的评价路径:即进行立体全息的数据采集,智能科学的数据分析,形成个性化的数字画像,最终可视化地反馈给学生、家长、教师、教育主管部门等主体,实现了大数据技术与综

---

[1] 王殿军、鞠慧、孟卫东:《基于大数据的学生综合素质评价系统的开发与应用——清华大学附属中学的创新实践》,《中国考试》2018年第1期。

[2] 龚春燕、何怀金、贾玲、卢锦运:《重庆模式:大数据评估促进教育决策科学化》,《中小学管理》2015年第8期。

[3] 张治、戚业国:《基于大数据的多源多维综合素质评价模型的构建》,《中国电化教育》2017年第9期。

合素质评价的深度融合。

（三）"评价保障机制"研究主题

该主题包括"综合素质评价系统""区块链""人工智能""教育信息化""高考综合改革"等关键词。

由于大数据技术的特殊性以及综合素质评价的复杂性与困难性，导致大数据应用于综合素质评价不是简单的技术应用，而需要考虑多方面、多层次因素，这就要求综合素质评价的实施需要多方保障。对此，田爱丽指出，建设全域的数据终端、科学的评价模型，以及给予较强的算力支持并能强化对学生隐私的保护是实施基于大数据综合素质评价的保障条件[①]。郑东旭等人建议引入区块链技术，构建以联盟链为核心的学生综合素质评价系统，可在宏观治理层面支持弱中心化的评价联盟运行，在中观评价层面实现安全、可信、溯源的数据录入等，以解决综合素质评价现存问题[②]。无疑，区块链技术的加入，完善了综合素质评价体系的相关功能，可为综合素质评价工作的顺利开展保驾护航。

为保证综合素质评价实施的有效性，管华、薛嘉晖提出，综合素质评价需要实现在高考中"硬挂钩"、采取"底线＋个性"评价方式、高校及专业成为评价主体等三大逻辑前提后，才能真正发挥大数据等技术在综合素质评价中的作用[③]；张治认为，"政策制度作为保障、管理机制作为支撑、技术手段提供支持、社会文化浸润引导"[④]是综合素质评价模型实施的特定条件。由此可见，要增强大数据技术在综合素质评价中的充分使用需要营造一种良好的评价生

---

① 田爱丽：《综合素质评价：智能化时代学习评价的变革与实施》，《中国电化教育》2020年第1期。

② 郑旭东、杨现民：《基于区块链技术的学生综合素质评价系统设计》，《现代远程教育研究》2020年第1期。

③ 管华、薛嘉晖：《大数据和区块链技术在综合素质评价中的应用》，《教育与考试》2020年第5期。

④ 张治：《大数据背景下普通高中综合素质评价研究》，博士学位论文，华东师范大学，2017年，第256—258页。

态，多方面协同保障综合素质评价从制度设计到有效实施全过程，才能使综合素质评价稳稳落地、扎根。

（四）"评价安全困扰"研究主题

该主题包括"综合素质评价系统""区块链""评价机制""校本化""测评工具"等关键词。

通过梳理已有文献，可以看出诸多学者在构建大数据技术应用于综合素质评价的框架时，也意识到了这一设计存在着制度、技术尚不成熟，信息安全存在隐患等问题。对此，万飞、李永义针对大数据时代下的隐私问题进行了反思，认为由于难以对隐私信息进行特殊处理，会给处在特殊境地的学生带来成长发展困扰[1]。事实上，由于大数据的隐私安全保障体系尚未完善，我们在便捷地获取学生全方位信息的同时，也使学生陷入个人信息更大可能被泄露的境地。以美国的教育大数据 inBloom 为例，其短时间内就被迫关闭的主要原因便是存在重大信息安全风险[2]。由此可知，基于大数据技术的综合素质评价实施还面临诸多问题亟待解决。

四　研究的未来展望

（一）攻克"难点"：探寻大数据技术与综合素质评价实施的深度融合路径

大数据技术是新时期推进综合素质评价常态化实施的重要变革力量。但已有研究显示，国内关于大数据技术应用于综合素质评价实践的研究尚处在萌芽阶段[3]，且尤为缺乏其在教育领域中的融合

---

[1] 万飞、李永义：《大数据下初中学生综合素质评价研究——以东莞市松山湖实验中学为例》，《中小学德育》2018 年第 3 期。

[2] 张洪孟：《教育虚拟社区伦理失范预警模型构建研究》，硕士学位论文，曲阜师范大学，2015 年，第 2 页。

[3] 管华、薛嘉晖：《大数据和区块链技术在综合素质评价中的应用》，《教育与考试》2020 年第 5 期。

性探索和实践应用①。截至目前，也仅有 86 篇文献就该主题展开论述，且多是理论层面的构想，具体实践的典型案例和有益探索还较少。因此，在新时期，无论是作为理论研究者，抑或是实践探索者，都需要潜心钻研大数据技术与综合素质评价实施深度融合的理论基础、耦合机制、操作模型等核心议题，进而群策群力攻克"难点"，以期为综合素质评价顺利"落地"提供有力支持和重要保障。

（二）疏通"堵点"：创新学生数据采集及交互共享的技术手段

在大数据技术的广泛应用下，深入挖掘、收集学生在不同空间场域内的全方位立体化数据，进而精准勾勒学生的数字"画像"成为可能。但有研究指出，尽管"三通两平台"建设已经积累了大量学生成长信息，但由于当前尚未形成良好的教育大数据生态体系，因而还不能为学生综合素质评价系统提供多维海量数据②。受此局限的束缚与影响，学生活动数据的不足和结构性缺失会阻碍评价内容的全面，进而影响学生评价结果的真实、有效。因此，在未来研究中，非常有必要思考如何拓宽数据采集渠道、开发数据交互共享技术等问题以疏通改革"堵点"，进而为学生综合素质评价的科学化实施提供完整的基础数据和"证据链条"。

（三）消除"盲点"：强化学生信息安全的制度保障

信息安全是大数据蓬勃发展背景下必不可少的议题，是保障大数据优势在综合素质评价中充分发挥的前提。但通过文献梳理发现，学生的信息管理、平台的安全维护等相关制度保障研究尚未有较多涉及。为消除此"盲点"，在未来研究中，应强化以下两点。

---

① 郑旭东、杨现民：《基于区块链技术的学生综合素质评价系统设计》，《现代远程教育研究》2020 年第 1 期。

② 郑旭东、杨现民：《基于区块链技术的学生综合素质评价系统设计》，《现代远程教育研究》2020 年第 1 期。

一方面，要加强使用者对数据的安全意识，在采集数据的过程中要注意保护学生的隐私。尤其对于一些特殊家庭、患病学生，个人信息的泄露极有可能带来自卑、焦虑、抑郁等心理困扰。因此，"平台采集学生信息之前需要告知学生及其家长，在学生和家长同意的情况下与之签订数据使用说明协议书"[1]，做到尊重和维护学生信息安全。另一方面，社会相关部门要做好学生数据的保护工作，使大数据不论是在使用过程中还是使用后，都有相关的规则、制度可以依靠和遵循，保障评价全过程的信息安全。如定期对学生信息系统进行安全检查、防火墙监测，加强技术层面的安全保障等，确保学生的数据不被泄露。

---

[1] 田爱丽：《综合素质评价：智能化时代学习评价的变革与实施》，《中国电化教育》2020年第1期。

参考文献

一 著作

北京教育科学研究院基础教育科学研究所：《北京市普通高中学生综合素质评价典型案例集 2010—2011》，北京出版社 2012 年版。

北京市教育督导与教育质量评价研究中心：《北京市中小学生综合素质评价典型案例集 2012》，北京出版社 2013 年版。

蔡培瑜：《澳大利亚高校招生考试制度研究》，华中师范大学出版社 2016 年版。

陈玉琨：《教育评价学》，人民教育出版社 1999 年版。

龚雄飞：《新课程高考走向与学生评价改革》，陕西师范大学出版社 2009 年版。

黄光扬：《教育测量与评价》，华东师范大学出版社 2002 年版。

蒋建洲：《发展性教育评价制度的理论与实践研究》，湖南师范大学出版社 2000 年版。

教育部基础教育司：《新课程与学生评价改革》，高等教育出版社 2004 年版。

金婷、王钢：《教育评价与测量》，教育科学出版社 2007 年版。

林崇德：《21 世纪学生发展核心素养研究》，北京师范大学出版社 2016 年版。

刘育民：《广东省普通高中学生综合素质评价实施指导》，广东教育出版社 2006 年版。

刘志军：《走向理解的课程评价》，中国社会科学出版社 2004 年版。

柳夕浪：《撬动未来的杠杆：学生综合素质评价改革研究》，浙江教育出版社 2021 年版。

柳夕浪：《学生综合素质评价：怎么看？怎么办？》，华东师范大学出版社 2015 年版。

罗祖兵：《高中学生综合素质评价的审思与重构》，科学出版社 2018 年版。

马云鹏：《发展性学生评价的理论与方法》，东北师范大学出版社 2006 年版。

秦春华：《超越卓越的平凡：北大人才选拔制度研究》，北京大学出版社 2015 年版。

秦春华：《重新出发：中美大学本科招生比较研究》，北京大学出版社 2016 年版。

瞿葆奎：《教育学文集·教育评价》，人民教育出版社 1989 年版。

王斌华：《学生评价》，上海教育出版社 2010 年版。

王立科：《英国高校招生考试制度研究》，华中师范大学出版社 2016 年版。

王宗伍、王秀华、孙莹莹：《"七色花"养成教育模式与综合素质评价体系构建研究》，中国言实出版社 2014 年版。

袁振国：《教育评价与测量》，教育科学出版社 2001 年版。

张治：《大数据背景下普通高中综合素质评价研究》，上海教育出版社 2018 年版。

郑东辉：《教师评价素养发展研究》，浙江大学出版社 2014 年版。

周雁南、贺国标：《有效促进学生全面而有个性的发展——学生综合素质评价改革报告》，浙江古籍出版社 2006 年版。

［美］斯塔弗尔比姆等：《评估模型》，苏锦丽等译，北京大学出版社 2007 年版。

［美］威金斯：《教育性评价》，国家基础教育课程改革"促进教师

发展与学生成长的评价研究"项目组译，中国轻工业出版社2005年版。

[德] 韦伯：《有效的学生评价》，国家基础教育课程改革"促进教师发展与学生成长的评价研究"项目组译，中国轻工业出版社2003年版。

[美] B. S. 布卢姆等：《教育评价》，邱渊等译，华东师范大学出版1987年版。

二 中文期刊

蔡敏：《高中学生综合素质评价：现状、问题与对策》，《教育科学》2011年第1期。

柴唤友、陈丽、郑勤华等：《学生综合评价研究新趋向：从综合素质、核心素养到综合素养》，《中国电化教育》2022年第3期。

陈朝晖、刘志军：《高中综合素质评价中学生主体性的发挥——基于主体性发展理论的视角》，《中国教育学刊》2016年第10期。

程龙：《综合素质评价对学生发展核心素养评价的启示》，《现代教育管理》2019年第12期。

崔允漷、柯政：《关于普通高中学生综合素质评价研究》，《全球教育展望》2010年第9期。

董裕华：《去功利化愿景下高中综合素质评价路径探析——基于江苏省海安高级中学的实践与思考》，《中国教育学刊》2018年第5期。

樊亚峤、靳玉乐：《学生综合素质评价的制度化》，《中国教育学刊》2010年第6期。

樊亚峤、徐海、赵鹏林：《新高考改革中综合素质评价的实施困境及突破策略》，《中国考试》2019年第7期。

樊亚峤：《综合素质评价纳入高考录取的阻力与对策》，《中国教育学刊》2016年第6期。

符太胜、谢章莲:《高考改革中综合素质评价的两难困境与政策建议》,《教育理论与实践》2011 年第 5 期。

洪志忠:《美国高中综合素质评价对我国的启示》,《当代教育科学》2010 年第 24 期。

黄志红:《新课程背景下普通高中学生综合素质评价的研究与构想》,《课程·教材·教法》2006 年第 11 期。

靳玉乐、樊亚峤:《中小学实施综合素质评价的意义、问题及改进》,《教育研究》2012 年第 1 期。

靳玉乐、孟宪云:《中小学综合素质评价的方法及其改进》,《西南师范大学学报》(自然科学版)2014 年第 1 期。

靳玉乐、倪哲:《中小学综合素质评价相关制度的建立及其运用》,《西南师范大学学报》(自然科学版)2014 年第 2 期。

柯政:《考试评价制度改革的复杂性分析:以综合素质评价政策为例》,《全球教育展望》2010 年第 2 期。

李宝庆、樊亚峤:《高中生综合素质评价方案:问题及改进》,《教育发展研究》2012 年第 10 期。

李雁冰:《论综合素质评价的本质》,《教育发展研究》2011 年第 24 期。

刘丽群、屈花妮:《我国普通高中学生综合素质评价的两难困局》,《课程·教材·教法》2016 年第 10 期。

刘志军、陈朝晖:《初中学生综合素质评价实践:偏差、成因及改进》,《教育研究与实验》2015 年第 6 期。

刘志军、徐彬:《综合素质评价:破除"唯分数"评价的关键与路径》,《教育研究》2020 年第 2 期。

刘志军、张红霞、王洪席等:《新高考背景下综合素质评价的意蕴、实施与应用》,《华东师范大学学报》(教育科学版)2018 年第 3 期。

刘志军、张红霞:《普通高中学生综合素质评价:现状、问题与展望》,《课程·教材·教法》2013 年第 1 期。

刘志军:《关于综合素质评价若干问题的思考》,《课程·教材·教法》2016 年第 1 期。

柳夕浪:《用力缓慢,但能穿透木板——高中学生综合素质评价的突破点》,《人民教育》2011 年第 17 期。

卢海弘、张也:《综合素质评价研究:最新进展、主要难点及破解思路》,《现代教育管理》2020 年第 5 期。

罗祖兵、吴绍萍:《高中综合素质评价统一性的问题及其对策》,《教育科学》2011 年第 4 期。

罗祖兵、邹艳:《高中综合素质评价的矛盾探析》,《教育理论与实践》2013 年第 8 期。

罗祖兵:《分析式综合素质评价的困境及其突围对策》,《教育科学》2014 年第 5 期。

罗祖兵:《关于将高中综合素质评价纳入高考体系的思考》,《课程·教材·教法》2011 年第 12 期。

罗祖兵:《内外符应理论对高中生综合素质评价之启示》,《中国教育学刊》2011 年第 8 期。

罗祖兵:《欣赏性评价:综合素质评价的方法论选择》,《课程·教材·教法》2018 年第 1 期。

罗祖兵:《综合素质评价纳入高考的两难困境及其突围》,《全球教育展望》2015 年第 8 期。

马爱兵:《高中学生综合素质评价的本质偏离及改进路径》,《中国教育学刊》2015 年第 5 期。

马嘉宾、张珊珊:《推行综合素质评价的操作策略研究》,《中国教育学刊》2017 年第 2 期。

秦春华、林莉:《高考改革与综合素质评价》,《中国大学教学》2015 年第 7 期。

田爱丽:《综合素质评价:智能化时代学习评价的变革与实施》,

《中国电化教育》2020 年第 1 期。

王殿军、鞠慧、孟卫东：《基于大数据的学生综合素质评价系统的开发与应用——清华大学附属中学的创新实践》，《中国考试》2018 年第 1 期。

王洪席：《高中学生综合素质评价：误读与澄清》，《中国教育学刊》2016 年第 3 期。

王萍：《普通高中学生综合素质评价的阻抗与消解》，《课程·教材·教法》2017 年第 7 期。

肖磊、李本友：《综合素质评价的制度化：历程回眸与系统谋划》，《教育研究》2018 年第 4 期。

辛涛、张世夷、贾瑜：《综合素质评价落地：困顿与突破》，《清华大学教育研究》2019 年第 2 期。

杨鸿、朱德全、宋乃庆等：《大数据时代学生综合素质评价：方法论、价值与实践导向》，《中国电化教育》2018 年第 1 期。

杨九诠：《综合素质评价的困境与出路》，《华东师范大学学报》（教育科学版）2013 年第 2 期。

杨向东：《综合素质评价：中国特色的创新》，《基础教育课程》2011 年第 4 期。

张铭凯：《第三方评价机构参与中小学生综合素质评价：可能、角色与运行》，《教育发展研究》2014 年第 20 期。

张治、刘小龙、徐冰冰等：《基于数字画像的综合素质评价：框架、指标、模型与应用》，《中国电化教育》2021 年第 8 期。

张治、戚业国：《基于大数据的多源多维综合素质评价模型的构建》，《中国电化教育》2017 年第 9 期。

赵德成：《初中毕业生综合素质评价实践的问题与思考》，《中国教育学刊》2007 年第 7 期。

郑若玲、孔苓兰：《综合素质评价方案的特征、困境与突围——基于对第三批新高考综合改革方案的分析》，《河北师范大学学报》

（教育科学版）2020 年第 01 期。

郑旭东、杨现民：《基于区块链技术的学生综合素质评价系统设计》，《现代远程教育研究》2020 年第 1 期。

周文叶：《论表现性评价在综合素质评价中的运用》，《全球教育展望》2007 年第 10 期。

周先进、张睦楚：《高考改革：高中生综合素质评价的"可为"与"难为"》，《全球教育展望》2014 年第 7 期。

三　学位论文

白玉珊：《基于电子平台的学生综合素质评价研究》，硕士学位论文，河北师范大学，2009 年。

陈朝晖：《普通高中学生综合素质评价实施研究》，博士学位论文，河南大学，2016 年。

陈娟：《综合素质评价背景下高中教师的评价素养研究》，硕士学位论文，河南大学，2018 年。

陈志清：《高校自主招生过程中学生综合素质评价研究》，硕士学位论文，湖南大学，2012 年。

付莉：《小学生综合素质评价研究》，硕士学位论文，东北师范大学，2008 年。

付延萍：《初中生综合素质评价问题与对策研究》，硕士学位论文，哈尔滨师范大学，2015 年。

郭继磊：《初中学生综合素质评价改革探索》，硕士学位论文，山东师范大学，2011 年。

李琼：《小学生综合素质评价的理论与实践研究》，硕士学位论文，福建师范大学，2010 年。

李肖静：《成长记录袋在小学生综合素质评价中的应用研究》，硕士学位论文，河南大学，2015 年。

梁丽群：《小学生综合素质评价研究》，硕士学位论文，湖南大学，

2013年。

凌浩：《新高考下普通高中综合素质评价实施研究》，硕士学位论文，宁波大学，2017年。

刘妍：《初中学生综合素质评价研究》，硕士学位论文，东北师范大学，2009年。

马斌：《普通高中学生综合素质评价研究》，硕士学位论文，福建师范大学，2008年。

孟雯娉：《综合素质评价纳入高考招生体系研究》，硕士学位论文，河北师范大学，2012年。

闵谷艳：《高中学生综合素质评价的理想与现实》，硕士学位论文，华东师范大学，2018年。

潘晓宇：《基于个案的小学生综合素质评价研究》，硕士学位论文，重庆师范大学，2015年。

屈花妮：《新高考背景下普通高中综合素质评价的问题研究》，硕士学位论文，湖南师范大学，2017年。

宋红艳：《普通高中学生综合素质评价实施研究》，硕士学位论文，青岛大学，2011年。

孙巧荣：《小学生综合素质评价研究》，硕士学位论文，上海师范大学，2015年。

田佳：《普通高中学生综合素质评价实施个案研究》，硕士学位论文，哈尔滨师范大学，2010年。

田薇：《初中学生综合素质评价公正性研究》，硕士学位论文，山东师范大学，2011年。

王双喜：《初中生综合素质评价问题及对策研究》，硕士学位论文，西南大学，2013年。

辛文丹：《新高考改革背景下普通高中学生综合素质评价研究》，硕士学位论文，鲁东大学，2018年。

徐冰冰：《从综合素质评价到核心素养评价》，硕士学位论文，华东师范大学，2016 年。

殷文靖：《普通高中学生综合素质评价研究》，硕士学位论文，河南大学，2012 年。

郑海红：《我国高考综合素质评价问题研究》，硕士学位论文，江苏师范大学，2012 年。

四　文件

国务院办公厅：《新时代推进普通高中育人方式改革的指导意见》，https：//www.gov.cn/zhengce/content/2019-06/19/content_5401568.htm。

国务院：《关于深化考试招生制度改革的实施意见》，https：//www.gov.cn/zhengce/content/2014-09/04/content_9065.htm。

教育部办公厅：《基础教育课程教学改革深化行动方案》，https：//www.gov.cn/zhengce/zhengceku/202306/content_6884785.htm。

教育部办公厅：《基础教育课程教学改革深化行动方案》，https：//www.gov.cn/zhengce/zhengceku/202306/content_6884785.htm。

教育部等六部门：《义务教育质量评价指南》，http：//www.moe.gov.cn/srcsite/A06/s3321/202103/t20210317_520238.html。

教育部：《关于加强中小学地方课程和校本课程建设与管理的意见》，http：//www.moe.gov.cn/srcsite/A26/s8001/202305/t20230526_1061442.html。

教育部：《关于全面深化课程改革　落实立德树人根本任务的意见》，http：//www.moe.gov.cn/srcsite/A26/jcj_kcjcgh/201404/t20140408_167226.html。

教育部：《普通高中学校办学质量评价指南》，https：//www.gov.cn/zhengce/zhengceku/2022-01/10/content_5667444.htm。

中共中央办公厅、国务院办公厅：《关于进一步减轻义务教育阶段学生作业负担和校外培训负担的意见》，http：//www.moe.gov.cn/jyb_xxgk/moe_1777/moe_1778/202107/t20210724_5465

76. html。

中共中央、国务院:《国家中长期教育改革和发展规划纲要（2010—2020 年）》, http：//www. moe. gov. cn/srcsite/A01/s7048/201007/t20100729_171904. html。

中共中央、国务院:《深化新时代教育评价改革总体方案》, http：//www. moe. gov. cn/jyb_xxgk/moe_1777/moe_1778/202010/t20201013_494381. html。

后　　记

　　本书的撰写并非一蹴而就，可以说是一点一滴"磨"出来的，每一部分都有突出的问题意识和鲜明的问题导向。相较于周边的朋友出专著的"效率"与"速度"，实在是汗颜和惭愧。但内心仍然认为，对于自己的作品应怀有敬畏之心，一字一句都应该是深思熟虑、反复推敲琢磨的结果。笔墨无言，但自有清风起，总是好的。但愿这本小书，也能达到这样的水准和期盼，先敬请读者诸君批评指正吧。

　　和综合素质评价这一概念的"初相识"，缘于几年前的一段工作经历。起初我的研究重心并不在于此，当然也不是太了解这方面的情况。但随着阅读过大量关于综合素质评价的材料，以及与相关政策研制者长时间的"耳鬓厮磨"后，自己对其的认识和感受日益深刻。尤其是这些年时常有机会到各省（区、市）参与关于综合素质评价的学术研讨和实践调研，更激发了我对其的浓厚兴趣和反思关切。这些经历和感受，驱使着我一直不断思考，综合素质评价究竟是什么，为何国家赋予了其这么大的使命和希望，它对基础教育学校育人方式变革、高等学校创新人才选拔、学生个人综合素质提升、社会良好评价生态营造到底会带来什么样的改变和转型？

　　众所周知，"唯分数"评价是禁锢、束缚我国教育高质量发展的顽瘴痼疾，究竟如何破题，需要教育界同人的大视野、大格局和大智慧，需要我们的"智力突破"与制度创新。而当今时代所实施的综合素质评价，恰是我们遭遇困境而披荆斩棘、祛除病灶的重大理论突破和升级。诚如杨向东教授所言："综合素质及其评价是一种理论创新，是针对我国的教育现实而创设的基本概念和理论构想，是我国当前基础教育课程改革的一大特色。……将综合素质的培养和评价置于基础教育的核心是具有中国特色的创新，是基于我国教育现实的理论构想。"对此，笔者深度认同。但是，理论上的勾勒与创生并不意味着实践操作环节上的成熟和自觉。相反，综合素质评价的真正"落地"，仍有一段很长的路程要慢慢走、缓缓行。当然，只要改革的方向是对的，我们只是"积跬步"，终有一天也是可以"至千里"的。那么，本书的撰写也就算是其中的"一跬步"吧。

本课题研究得到了河南省高等学校哲学社会科学创新人才支持计划、河南省高等学校青年骨干教师培养计划、河南省高等学校哲学社会科学创新团队支持计划"教育考试与评价"的资助。在研究的过程中，河南大学刘志军教授给予了全方位的支持，在此深表谢意！另外，学部王萍教授、张红霞教授、肖磊副教授、冯永华副教授、姬国君副教授、苏鑫博士、徐彬博士等同人，给予了诸多的启发和教益。同时，我的兄长王宏伟博士协助我审校了全稿，我的爱人周佩灵博士替我承担了大部分的家务劳动，我的研究生王晨、陈平静、孙雯雯、周悦、杨洋、王怡冉、张程理等同学参与了相关研究，并协助修订了参考文献等，在此一并致谢！你们的支持，对本书的写作而言难能可贵。

王洪席
二〇二三年八月于河南大学